陈鹤琴先生

（1892—1982）

"中国教材研究文库"

第二辑总目

中国教材研究文库

陈鹤琴论教材

陈鹤琴　著

石筠弢　曹周天　编

中国教育出版传媒集团

人民教育出版社

·北京·

图书在版编目（CIP）数据

陈鹤琴论教材/陈鹤琴著；石筠弢，曹周天编. —北京：人民教育出版社，2024.5
（中国教材研究文库）
ISBN 978-7-107-37262-9

Ⅰ.①陈…　Ⅱ.①陈…　②石…　③曹…　Ⅲ.①教材—研究　Ⅳ.①G423.3

中国国家版本馆 CIP 数据核字（2024）第 016650 号

陈鹤琴论教材

出版发行		人民教育出版社
		（北京市海淀区中关村南大街 17 号院 1 号楼　邮编：100081）
网　　址		http://www.pep.com.cn
经　　销		全国新华书店
印　　刷		山东临沂新华印刷物流集团有限责任公司
版　　次		2024 年 5 月第 1 版
印　　次		2024 年 5 月第 1 次印刷
开　　本		787 毫米×1 092 毫米　1/16
印　　张		18.5
插　　页		1
字　　数		211 千字
印　　数		0 001~1 500 册
定　　价		55.00 元

"中国教材研究文库"总序

郭戈

　　古人说得好："以铜为镜，可以正衣冠；以史为镜，可以知兴替；以人为镜，可以明得失。"对于教材工作而言，以史为镜、以人为镜也是至关重要的。我国古代常用的教材主要是"三百千千""四书五经"。新式教材起步于清末，活跃于民初，先学日本，后仿美国。1897年上海南洋公学外院效法外国，编了国文、算术、历史、舆地、格致等课本，这便是打破老传统，把各门知识较有系统地编为学科教材的开始。随后出现的各种课本和教育著作大都是模拟日本或直接译自日本。清末以来，特别是民国建立后，教材自由编写，实行审定制，民间掀起了一股编撰出版教科书的热潮，一批出版机构如商务印书馆、文明书局、中华书局等，与一批出版家、教育家，为此做出了奠基性、开创性的重要贡献。

　　五四新文化运动以降，教育理念和课程教材发生了新变革，特别是全国教育会联合会在主要借鉴美国教育的基础上而研制的新学制以及课程标准纲要，影响巨大。一时间，欧美新教育思潮、实用主义教育思想被引入中国，教材也从过去主要效仿日本一变而为仿效美国。当时，许多教材在内容编写上都强调以儿童生活经验为中心，甚至一些中学理科教学更直接采用美国的课本。新中国成立之前，民国政府虽然曾几次颁布课程标准，教材的内容和形式却基本上没有大的改观，只不过是更多地借鉴和学习美国的经验罢了。并且，清末及民国历届政府都有统一教科书的意愿和行动，但由于旧中国持续不断的内忧外患和政府的腐败无能，加上课本编写质量不佳等原因，所谓"国定教科书"或"统一教科书"最终都以失败而告终。

新中国的成立开创了中华民族历史的新纪元，也掀开了我国教材事业发展的新篇章。新中国成立伊始的教材，文科主要借鉴了解放区的经验，理科主要选取了国统区的本子，还有一部分选取了编译的苏联教材。接着，便在全面学习苏联教育经验的基础上开始了教材自编或重编的历程，并逐步走出了一条具有中国特色的以统为主、统分结合的教材道路。总的来说，与旧中国相比，新中国成立70多年来，全国中小学实施的是统一的教学大纲或课程标准，使用的基本上是由国家统一供应、教育部组织编写、人民教育出版社编辑出版的通用教材或统编教材，并做到了所有地方、每所学校、全部学生都使用上了这样的教材。为此，中央确立了集中统一教材制度的大政方针，制定了统一的教学大纲或课程标准，组建了专门的教材编写和审查机构，配备了强有力、专业化的编审人员，还建立了保证"课前到书，人手一册"的教材出版发行渠道和机制。当前，党中央、国务院高度重视教材工作，把教材建设作为一项战略工程、基础工程，成立了国家教材委员会，教育部组建了教材局，并先后颁布了一系列有关规章制度，在义务教育和高中阶段全面实施政治、语文、历史三科教材统编、统审、统用政策，标志着我国教材建设进入了新时代。

"江山代有才人出，各领风骚数百年。"社会发展史也是个体发展史。历史由人民创造，又有杰出历史人物的巨大作用。讲述历史离不开历史人物，回顾教育不能回避教育家，同样，总结和借鉴教材的历史经验，也不能回避曾经为教材事业创造出重大业绩的历史人物。在我国新式教材100多年的发展过程中，不仅编辑出版了不计其数的各个学科、多种形式的教材，而且涌现出了一大批教材编辑家、出版家、研究者，他们都为我国的教材建设事业做出了奠基性、开创性的重要贡献。归纳起来，这些大家在清末及民国时期主要有：张元济、陆费逵、范源廉、蒋维乔、马君武、戴克敦、沈恩孚、高梦旦、王云五、舒新城、徐特立、李廉方、庄俞、沈颐、张相、杜亚泉、吕思勉、陈宝泉、范祥善、金兆梓、周建人、黎锦熙、顾树森、俞子夷、吴研因、叶圣陶、丰子恺、朱经农、朱文叔、刘薰宇、宋云彬、丁晓先（韦息予）、赵欲仁、艾伟、沈百英、吕伯攸、陆殿扬、陈鹤琴、辛安亭等。在新中国成立后的主要代表是：叶圣陶、周建人、胡绳、辛安亭、戴伯韬、朱文叔、刘薰宇、金灿然、吉少甫、朱智贤、陈元晖、叶立群、张志公、吴伯箫、张毕来、蒋仲仁、袁微子、刘国正、张中行、邱汉生、苏寿桐、陈尔寿、方宗熙、雷树人、梁英豪、张玺恩、张孝达、王占春、陈侠、熊承涤等。他们都是对一定历史时期的教材建设，特别是一些学科教材领域做出过重要贡献并产生了广泛影响的人物，并大都在编辑出版教材的过程中发表过论述教材的著述，提出了关于教材问题的看法和认识，内容涉及教材的政策管理、编写审查、出版发行、使用教学或教材本体等诸多领域，其中一些人还形成了较为系统和全面的思想观点。这些思想观点成为我国教材建设和教材学术研究史上的一笔笔宝贵的财富。有鉴于此，在人民教育出版社成立 70 周年之际，我们启动了"中国教材研究文库"这个大型丛书项目，旨在通过挖掘、收集、辑录、整理百年以来教材领域众多大家的研究成果，分期分批出版，比较系统地展示中国近现代以来教材研究的主要成果，从一个侧面呈现中国近现代以来教材发展的基本脉络，为新时代教材建设和研究事业提供参考和借鉴。这套大型丛书的编辑出版也是我们缅怀和纪念老一辈教材大家的最好方式。

改革开放以来，国内出版了不少教育名家的著作、文集甚至全集，其中涉及一些教材编辑家、出版家的论著，这是我们选编工作的基础。对有的教材大家已出版的文集，我们进行了重新编排、补充和校核，以体现新的特色。对于尚未有文集出版的一些教材大家，其教材文集的收集、整理、选编任务则比较繁重。好在现代信息技术很发达，网络文献查阅很方便，我们将传统方法与现代手段相结合，大大提高了工作效率。本文库入选的人物全都是我国百年以来教材建设，特别是教材研究开发和编辑出版事业的主要参与者、贡献者、引领者。本文库秉持按人设卷、一人一卷的原则，但对于教材史上的一些重要人物，我们也不排斥两人或多人合为一卷的情况。我们对每卷文集的篇目都大致进行了分类，并基本按照时间先后顺序或一定专题加以排列，但鉴于作者的经历和作品情况的差异，也为了突出某些重要作品，以满足读者现实需要，每卷目录的编排方式也各具特色。无论哪种编排方式，对每篇文章的出处和时间我们都尽量说明清楚，必要时增加注释。读者阅读之后可以感受到，这些教材文集见证和记录了中国近现代课程教材的成长史、演进史，也是教材大家们辛勤耕耘、笔耕不辍的学术思想的集中体现。可以说，每一卷的文字都曾经为教材建设史的推进铺下过坚实的一砖一瓦，也都曾经拨动过教材人的心弦。我们希望，通过重温教材大家精到的论断、深邃的思考、严密的逻辑、优美的文字，以及字里行间蕴含的学术风范、治学之道和人格魅力，可以为后来者提供学习和传承的典范。

"中国教材研究文库"包括三辑，每辑 12 卷。"众人拾柴火焰高。"热诚欢迎国内教育学者特别是课程教材研究者积极参与到这套文库的编辑出版中来。

"闻道有先后，术业有专攻。"教材建设是个专业，也是门学问，教材工作有其自身的特点和规律。当前，教材问题越来越受到重视，从事教材研究开发和编辑出版工作的人也越来越多，如果说有所谓捷径可循的话，那恐怕就是直接阅读和学习以往这些教材大家的有关论著了。了解教材历史，知晓教材大家，汲取和借鉴以往的智慧和经验，继承和发扬他们的思想和观点，可以使我们明理启智、审时度势、推陈出新，对于做好当下教材改革发展工作、提升教材科学化水平大有裨益，对于教材研究和学术创新更是必不可少。

"中国教材研究文库"作为中国近现代教材成长史、演进史的记录和见证，实为百年中国教材研究的缩影和写照，具有较高的文献史料价值，能为教材建设者和教育学者的编辑出版工作和研究工作提供较为完整的基础性材料。我们相信，本文库的出版对于推动教材事业建设、促进教材理论的创新发展会有一份积极的贡献。我们也希望在新时代，教材事业蒸蒸日上、人才辈出，创作出更多扎根中国大地、师生喜爱的各科教材，不断提升教材研究水平，加快构建中国特色、世界一流的教材建设体系和教材理论体系。

本文库由我忝任总主编。教育学界、课程教材界的专家学者以及社会各界人士对本文库给予了热情关注，我社黄强社长以及有关领导、员工和离退休老同志提出了宝贵意见和建议；丛书责任编辑和各分卷编者及责任编辑也付出了辛勤劳动。谨在此一并致谢！

限于水平，本文库的编辑出版工作或有不妥不足甚至错误之处，敬请读者不吝指正！

2020 年 9 月 10 日

本卷前言

陈鹤琴（1892—1982），浙江上虞（今绍兴市上虞区）人，我国著名儿童教育家、儿童心理学家，被誉为中国现代儿童教育奠基人、开拓者和"中国的福禄培尔"。

1899 年，7 岁的陈鹤琴入私塾学习。1906 年考入杭州蕙兰中学，1911 年考入北京清华学堂高等科。1914 年赴美国学习，此后几年先后获得约翰斯·霍普金斯大学文学士学位和哥伦比亚大学教育硕士学位。1919 年，回国担任南京高等师范学校教授。1923 年，他在南京创建了鼓楼幼稚园，进行科学化、中国化的幼稚教育实验。1927 年，他与陶行知、张宗麟等共同发起成立中国最早的儿童教育团体——幼稚教育研究会，创办《幼稚教育》杂志并任主编；他还和张宗麟一道创建了我国最早的乡村幼稚园——南京燕子矶幼稚园。1929 年，他创立中华儿童教育社，该社成为当时国内规模最大的儿童教育学术团体。1938 年初，他担任上海慈善团体联合会救济战区难民委员会教育委员会主任，发起成立儿童保育会并任理事长。1940 年，他创建中国第一所公立幼稚师范学校——江西省立实验幼稚师范学校，任校长。1941 年，他创办

《活教育》月刊。1943年，他创建国立幼稚师范专科学校。1946年，他在上海创建幼稚师范学校（后改为女子师范学校）。1949年8月，陈鹤琴担任中央大学师范学院院长，9月出席中国人民政治协商会议第一届全体会议，10月1日参加中华人民共和国开国大典。1952年我国大学院系调整，陈鹤琴任南京师范学院首任院长。1979年，他参加全国教育科学规划会议，当选为中国教育学会名誉会长，在全国幼儿教育研究会（今中国学前教育研究会）成立大会上被推选为名誉理事长。1981年，他为六一国际儿童节题词"一切为儿童，一切为教育，一切为四化"。1982年12月30日，陈鹤琴与世长辞，享年91岁。

陈鹤琴是我国著名的教育家，既是教育理论家，也是教育实践家。他一生充满儿童情怀，热爱儿童，尊重儿童，研究儿童。他在投身幼儿教育、小学教育、师范教育的实践中，提出了幼儿教育的课程编制10大原则和17条教学原则，编写了大量的幼儿教材、小学教材和儿童读物，为我国的儿童教育事业做出了卓越的贡献。他还深入研究了家庭教育，高度重视家长在家庭教育中的地位和作用，认为应该为儿童的全面发展创设良好的教育环境，充分发挥家庭教育在促进儿童成长中的作用。在各类研究的基础上，陈鹤琴撰写了《语体文应用字汇》（1921年）、《儿童心理之研究》（1925年）、《家庭教育》（1925年）、《智力测验法》（与廖世承合编，1928年）等著作。

需要特别指出的是，陈鹤琴针对当时中国的国情和教育实际提出教育的培养目标是"做人，做中国人，做现代中国人"，而实现教育目标的基本方法则是"做中学，做中教，做中求进步"。在长期的教育实践中，陈鹤琴逐渐形成了活教育思想，包括五指活动、17条教学原则、学习四步骤等，而活课程和活教材的思想是其活教育思想的基本组成部分。在活教育思想的指导下，陈鹤琴进行了丰富的活课程实验和活教材编写实践，从而实现了教育理论与教育实践的结合。

陈鹤琴的教材思想是其教育思想的集中体现，也是其教育思想丰富多彩的表现。陈鹤琴的教材思想具有独特性，如其所言："大自然、大社会，都是活教材。"其核心则是尊重儿童主体性，强调儿童整体性，遵循儿童身心特点，突出儿童行动性，注重发展儿童社会性和兴趣爱好。就构成而言，陈鹤琴的教材思想涉及教材目的、教材内容、教材形式和教材编写等方面。在陈鹤琴看来，教材包括教科书、儿童读物及教师用书。陈鹤琴为儿童编写了大量的教材：属于听的教材有教唱歌的音乐书、讲给学生听的故事书；属于看的教材有儿童图画书；属于读的教材有儿歌、歌谣、英语书等方面的读物；属于做的教材有游戏、剪裁等活动。特别是那些生活中的各种实物和事物，都是活的教材，能形成儿童活的经验。

在具体的教材编写活动中，陈鹤琴发展了前人的"课页制"，创立了"单元一贯制"，即"整套的课文是一个大单元，大单元中间包含了许多连贯性的小单元，每个单元的后面还附有一个练习"。这一教材编排方式具有独创性，符合儿童学习的特点。陈鹤琴编写和主编的教材总计 300 多册，涉及国语、自然、音乐、体育、图画、手工、美术、算术、历史、英语、社会等十几个领域或科目。这些教材，不仅有幼儿园教材、中小学教材，还有师范学校教材；不仅有教科书，还有教师用书。真可谓内容广泛，类型多样。陈鹤琴的教材实践多姿多彩，他编写的教材品种丰富，是儿童教材园地中灿烂的花朵。

陈鹤琴的活教材实践主要集中在 20 世纪 30 年代。在这一时期，他几乎每年都编写教材，所编教材共 200 多种。20 世纪 40 年代末，他与钟昭华、屠哲梅、丁柱中等人合作，又编写了大量教材，其中大多数是幼儿教育和小学教育的教材。

不了解陈鹤琴的教育思想，就不能很好地理解他的教材思想；而不研究他的教材实践，特别是不研究他编写的各级各类各科教材，就不可能理解他的教材思想。幼儿教育阶段具有特殊性，因而幼儿教材有独特的内涵。在陈鹤琴看来，大自然、大社会就是活的教材。因此，陈鹤琴编写的幼儿教材，既呈现在各种书本上，也呈现在大自然、大社会中。在这里，幼儿教材具有特殊的表现形式，各种游戏、故事、音乐、美术活动、体育活动和体育器材都是教材，甚至环境也是教材。所以，陈鹤琴关于环境及其作用的论述，关于游戏、故事、音乐、美术活动、体育活动和玩具的论述，实质上都是关于教材的论述。这也是我们把陈鹤琴对游戏、活动、故事、环境、玩具等方面的论述内容选入本书的缘由。

总的来说，陈鹤琴虽然深受美国著名教育家杜威的影响，但他始终扎根于中国大地，秉持"知行合一"和"教学做合一"的理念，深入研究中国教育实际和中国儿童实际，心中装着儿童、想着儿童，一切为儿童，展现了一位伟大的儿童教育家的高尚情怀。他提出的活教育的目的论、课程论、教材论和教学方法论等活教育思想，在我国的教育思想宝库中依然闪烁着智慧的光芒，对当今的课程教材改革与研究仍然具有积极的指导意义。陈鹤琴的活教育思想值得我们深入学习、研究和发展。

本书由石筠弢、曹周天选编。在选编的过程中，陈鹤琴的外孙柯小卫先生也参加了有关工作。我们查阅了当时的报刊，并参考了《陈鹤琴全集》《陈鹤琴教育论著选》等。本书内容分为幼儿教育课程与教材、小学教育课程与教材、师范教育课程与教材三个部分。对于有些内容，我们根据实际情况进行了摘选，另拟标题。对部分字词，根据编辑规范的要求做了一些技术性的处理。

在编辑出版过程中，人民教育出版社教育理论室资深编辑刘立德、曾红梅、冯卫斌和责任编辑杨燕付出了大量心血，提供了很多建议，特表示感谢！由于编者水平有限，本书可能存在一些不当甚至错讹，在此谨请读者批评指正。

编　者

2023 年 9 月

目　录

上 编

幼儿教育课程与教材

一年来南京鼓楼幼稚园课程教材与教学试验概况 *

南京鼓楼幼稚园开办以来，将近四年。但是正式的幼稚园，正式开始做试验，到今日还不过一年。从前的三年都附设在陈鹤琴教授的家里，是蒙养园的性质。去年秋季，新园舍落成，又得到几方面的补助，方才聘得专门人才，做研究试验的工作。这一年中，比起从前来略略有些不同。全园有指导员 1 人，研究员 1 人，教师 2 人，儿童 26 人，年龄自 3 岁到 6 岁。

在鼓楼公园西边新村中，有几亩空地，满布着绿草短树，一所矮矮的平房，放着几多运动器械、玩具恩物等。早晨 9 时起草地上就看到儿童的跳跃，听到咿呀的歌声，还有两三位富于儿童性的成人，跟着一群一群的儿童跑；有时候带着几个儿童到邻近田野、公园、市街上去；有时钟声一响，大家都到屋子里去做室内活动。这样要到下午 5 时以后，方才静悄悄地只听到办公室里几个人的开会谈话的声音，这是我们全天

* 节选自《一年来南京鼓楼幼稚园试验概况》，载陈鹤琴著：《陈鹤琴全集》第二卷，江苏教育出版社 2008 年版，第 4—10 页。原载《新教育评论》第 2 卷第 24 期（1926 年 11 月），署名陈鹤琴、张宗麟。标题为本书编者所加。

大略的情形。

我们不上课吗？让儿童做野马吗？只供给奢侈的玩具不加指导吗？不是，不是。我们没有严格的走朝会圈、唱赞美诗、训话，是实在的。我们不强制儿童做机械的工作，只用暗示的方法去做生活里的事情，也是实在的。还有因为试验起见，看看儿童的玩具应该怎样，用多种方法去发达儿童的身心，同时切实地顾到儿童的健康，也都是实际的情形。一年以来，我们本着不受旧式幼稚教育制度的束缚，立意创设中国化的新幼稚园之主张，孤行地向前做去，免不了几多反对派的訾议，甚至有诬蔑我们是没有教育的、贵族式的等语。但是我们丝毫不怕，我们知道一事之创始，多少要受旧社会的反对的，夸美纽斯的地动学说，福禄培尔的幼稚园，都是几经奋斗，方才有成的。我们虽然不敢比美先哲，但是也很愿意坚持试验下去。

我们一年来怎样试验呢？试验些什么呢？概括地说来有以下几种。

一、幼稚园的课程和教材

我国兴办幼稚园年数也不少了，但是没有一个课程，也没有一些教材，所有的幼稚园都是宗法西洋成法，不是直抄福禄培尔，就是直抄蒙台梭利，不肯自己加以变化，也不管儿童是否受纳，是否适合儿童的脾胃，最可笑的就是舍弃近而易得的，苦心地削足适履去求合于古法。福、蒙诸氏的方法，在当时当地有他们的特殊地位、相当价值，我们现在是中国的幼稚园，似乎不便来抄用。所以我们的课程没有所本的，只根据一条原则："课程之原则，在助人以选择或发展最有益于生活之经验，课程所包举者，不仅限于人生日常行事所需之主要事实原则与方法，亦应兼及事实或活动之本身。"（参看庞锡尔著，郑宗海、沈子善译《设计组织小学课程论》第2页）

我们于前一个星期就商定下周的课，往往采用设计组织，有时取中心制。所谓设计的目标或课程的中心，大概是这时期里的自然界动植物，或社会上的风俗、纪念活动等。种豆是春天的设计，到了豆开花了就作为课程的中心，又过几星期豆成熟，就来做摘豆、请客吃豆的设计。夏初做种黄瓜的设计，两个月后再来做请客吃瓜的设计。设计的内容真多，也容易找到，并且容易施行。一个节气我们就来利用。一年里一切纪念日、节气，我们是不放假的，都来举行活动的，因为这些日子都是教育上不可失的良好机会。苍蝇、蚊子是最可憎的，我们就来一个小小的灭蚊蝇运动。例子很多，举不胜举，欲知详情，请看我们的课程表。总说一句，课程是要合于实际生活的，并且应该活用的。所以我们预定的课程表，往往因为儿童临时心境的不合，难以应用，常常改变的，有时竟有全部不用的。

与课程有密切关系的是教材，我们的教材从哪里来的呢？有一小部分是从书本上来的，如歌谣、故事等等。大部分是自然界、社会上日常所见的万事万物。这个原因很容易明白，因为课程是根据那些地方来的，教材当然也从那些地方去采取。所以自然、图画、游戏、读法、手工、常识等等，没有一科不从那些地方来的，我们只知道给儿童生活，并不主张给他几多成人的知识或技能。

因为教材的来源太复杂，我们为保留教学的成绩起见，所以各科拟出大略的试验记录表。各科教过以后，把它记录下来，这些成绩，将来或者可以汇集成一部幼稚园教材，但是现在还谈不到。

二、幼稚园的教学法

幼稚园课程的方针定好以后，教学法问题已经解决过半。但是其中究竟有许多值得研究的地方，我们几个人因为事情繁复，一年来不能有系统的试验，有几多科目，简直只好本着设计教学法的原理活动做去，不能有新奇的方法研究出来。虽然有几科有初步的试验，有点滴的成绩，自问着实惭愧，现在姑且把几种教学法大略情形写在下面。

（一）读法教学法

读法教学法经过试验的有 7 种。

1. 游戏法：教具是幼稚园缀法牌，每组有 6 人可以玩。游戏的方法可以凑对子，也可以拼句子等，试验的结果很好。我们拟定出幼稚生字汇，约 250 个字，所以此种教具至少需要 500 块字牌（每字至少要 2 块）。

2. 故事图画法：有油印之极简单的图画，作为教具。教学次序，先引起儿童好听故事的动机，然后教师讲故事（要拿出预备好的图画给儿童看），暗示儿童着色，让儿童拿色笔着色，然后用木印空心字印出字来，或者由教师写儿童的话于图画上读给儿童听。

3. 歌谣表演法：亦有教具，为歌谣图。先做游戏，次口授歌谣，次看图，次读歌谣，这是一种方法；先看图，次念歌谣，次表演，次读歌谣，这又是一种方法。

4. 自述法：用小册子一本，儿童要写什么话，教师替他写上去，他可以逐字地认去。

5. 随地施教：这近于设计法，但并没有严正的组织的。在设计的历程中固然可用它，至单纯的教一科的时候也用的。例如，儿童画好了一张画，我们就可教他识字，并且随时随地都可以采用此法。

6. 采用教科书：我们所采用的教科书大概为国语读本第一、二、三册，自然或常识教本前几册，采用的方法是灵活自由地让儿童去读，教师只在旁边指导。

7. 复习法：以上 6 种教学都是偏重新材料，这种方法用于复习旧功课。复习最不易，最容易感到枯燥无味。我们用了一种教具名叫"幼稚园缀法盘"，试过几次，觉得可以用的。

（二）以自然科为中心来编制课程是我们的初愿

自然科在幼稚园中是很难教的但又是很有趣味的课程。大家认为旅行去是教自然的重要工作，并且在野外的次数每星期至少有 4 次。但是这件工作如做得不好会变成走马看花，眼前万象毕现，结果丝毫无得，这确是一件大缺憾。因此，我们设法使儿童有普遍的注意，有特殊的注意。方法有下列几种。

1. 把某种或数种自然物编成一出有趣的故事，如"葡萄仙子"就是一例。

2. 以某种自然物做团体游戏，例如"瞎子猜花""老鹰抓小鸡"等。

3. 采集标本，或买些东西回来煮煮吃。

4. 野外写生，出去的时候在小篮里带些纸笔，遇到相当机会就拿出来画。

5. 在某时期中，房子的四壁，都陈列这时期自然物的标本、图画、实物等。这些东西最好是幼稚生参与做出来的，那就格外有意思。

在浓荫绿草的田村山野之中，和活泼的儿童讲故事、做游戏等，是何等有趣的事情，非但儿童会格外地感到兴趣，就是教师也感觉到在野外精神倍增，在施教上也更容易些。所以我们对于到野外去是不辞辛劳地做去。幼稚生动辄需人帮助，在野外教师是很辛苦的。

此外，关于图画、故事、手工等，都有零星教材，将来有机会也可以把它们整理出来，作为教学经验之一种。

还有一件疑而不决的事情，也在此作简单之叙述。幼稚生可以教数吗？至今无有答案。据我们最近半年的试验，似乎此路难通。现在把我们认为比较可以用的4种教具来说明一下。

1. 点数牌：这是普通牌九牌的变形，从1点起到12点，配成32张。涂上红、绿、棕、黑各种颜色。可以做桌上接龙、配对等游戏。儿童因此可以识数，又可以辨色。3岁以上的儿童就能玩。

2. 滚珠盘：此系采取日本的教法，稍稍加以改良的。此教具4岁的儿童就知道玩了。

3. 初学加法片：这是初学算术之一种用具，在小学里已经早早有的。用硬纸几张，在一面画几个很合儿童好尚的人物，在又一面写数目字。排列的方法从1加1，1加2……到9加9为止。此项活动5岁以上的勉强可以参加。

4. 旋珠盘：此与滚珠盘相仿佛，不过改"滚"为"旋"。儿童也很喜欢玩，不过手旋陀螺比较不容易做些，非学习几多时不能玩得如意的。至于识数与加数的困难与滚珠盘相同。

三、儿童的习惯

教育的一部分功效是养成几多生活上的习惯。幼稚生应该养成几多习惯，从来没有人做过详细的研究。这个问题，可以从两方面来研究。

（一）幼稚生应该养成多少必需的习惯。

（二）怎样养成这许多习惯。

关于第一个问题我们已经拟出了一个幼稚生习惯表，分为 6 个部分。

1. 卫生习惯计 18 条。

2. 做人的习惯：个人的计 14 条。

3. 做人的习惯：社会性的计 10 条。

4 和 5. 游戏及工作的习惯计 45 条。

6. 智力上的习惯计 16 条。

关于第二个问题，大部分与教学法有关，但是还有几点要说明。

1. 关于使用习惯表的方法，当初我们预计是：在开学时就依表考验一次，然后因各个儿童之所长与所短而施教，以后每月来考验一次，到学期终了时再考验一次。但是我们因他种关系，没有照预计的做去，只有在开学时试一次，到学期终了再试一次，报告家属。

2. 检查清洁：检查清洁是养成卫生习惯最好的途径。我们有清洁检查表。每天早晨检查清洁是一件例行工作，检查以后，因所得分数的多寡，把自己的一张小红旗依等级插到塔形的图上去。

3. 看谁做得顶好：这是鼓励儿童努力学习的一张挂表。表的左边贴了 5 个或 6 个儿童动作图，每种动作又把它分做几个进步的步骤来，看儿童进步到哪项，就把他记在哪项下（用年、月、日或✓），记的时候当然请儿童参加。

四、设备与儿童玩具

有刺激然后有反应，希望教育优良，改良设备也是重要条件之一。所以我们也来试验设备。我们对于设备的意见，并不主张从大商店里买几多耀目的外国货来放在玻璃橱里。我们至少有以下几个目标。

1. 省钱的：勤俭美德也。在今日群情趋于奢华之时代，非极力提倡这种精神不可；况且在实际上我国教育经费如此奇穷之秋，若非利用废物，学校里实在难得有好设备。例如，小宝宝（洋囡囡）是幼稚园里极有用的玩具，但是买一个好的非有 10 块大洋不可。幼稚园何以能负担此巨数呢？所以应该利用废物来做，破旧线袜子，只要洗干净，两双袜子就可以做成一个很好的小宝宝。废物到处可得，也件件可以利用，听说近来德国学校里很提倡这种精神。

2. 与当地社会情形相近似的：从大商店里买来的玩具还有一弊，难以适合当地社会情形。儿童模仿性很重，看到成人做种种事情他不能做，心里多么难过！所以我们在当地社会情形里，可以设法把它抽几多出来，翻做儿童玩具。例如，南京城里很容易看到黄包车、汽车等，都可以翻为儿童玩具。

3. 用本国货：好用外国货是我国学校里的一个大毛病，其中以幼稚园为尤甚，其实仔细一想，本国货好的实在不少。例如，我国的乐器——鼓、钹、钟、锣、箫、磬、木鱼等等，没有一件不是好玩具，但是从来没有人采用。我们大胆采用了，儿童倒很高兴用。

4. 合于儿童心理：这条与后一条是根本出发点。儿童好模仿，好动，好与动物为伍，好竞赛……都是置办玩具的根据。我们是本着这条去试验的。

5. 合于教育原理：这条包含甚广，凡谋儿童的健康、增进儿童的知识、养成好习惯、得到快乐等。有这条目标，在置办设备和玩具的时候，不免要戴起教育的色镜去考验。例如，普通社会上所卖的泥菩萨，是顶便宜的玩具，但是落地就碎，又因颜色不合乎卫生，所以不能采用。又如用洋铁做的刀剑之类，虽然可以引起儿童尚武精神，但是锋利太甚，未免有些危险，也以不采用为好。

一年以来，我们本着以上 5 条目标做试验，在设备上可称比一般幼稚园完备些，但是到完美之域相差很远，好在教育的理想目的是难以达到的，我们还是逐件地试验去吧。

南京特别市教育局学校教育课计划大纲*

南京素为我国文化与教育之中枢，自国民政府奠都以来，京都教育系全国观瞻所在，更为重要。以人口统计，南京居民 40 万，学龄儿童至少当在 6 万，然旧有市立学校仅 40 余所，入学儿童为数不过 6 000 余名，教育情形，不问可知，现在为改进市民教育计，首宜计划者。

一、积极方面

（一）调查学龄儿童及教育现状，以定进行之步骤。

（二）补充小学班级，创办幼稚园，多予儿童以求学之机会。

（三）创设市立中学，使小学毕业生有升学之处所。

（四）创设市立师范学校，培养良好师资。

（五）提倡研究事业，多予教师以修进机会。

---

* 原载《南京特别市市政公报》第 1 期（1927 年 9 月）。

二、消极方面

（一）裁并不良学校，以节经费。

（二）举行小学教师检定试验，以改良师资。

（三）整顿私立学校，防止投机教育。

（四）限制私塾，检定塾师，防止一般市民知识之腐化。

以上诸点均系最单纯之目标，至于如何达到此目标，则非片言所能尽述，兹将南京特别市学校教育课之组织图（如图1），及各部分规划，说明于后。

三、学校教育课内部组织说明

（一）研究股

教育行政，首重实施。实施之要，一方在适应社会，一方又欲改进社会。是则教育行政，当然不可同于旧式官厅，而须注意于研究可知。研究股之设立，为行政人员会同学校教师研究之机关，党义之训导、教法之改进、教材之选择、设备之改善、教师知识技能之长进，都可借行政以研究。寓研究于行政，以期行政学术化。

研究办法，一方面注重专门学识，一方面注重实际经验，故其事业约分数项：

1. 召集校长会议，解决学校方面各种实际问题。

2. 联络各校职教员，组织教育研究会，研究改良教材、教法及训导诸问题。

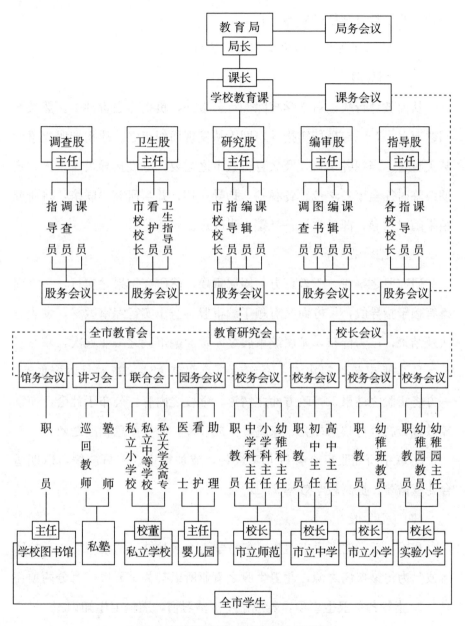

图1 南京特别市学校教育课之组织图

3. 秉承本局教育宗旨，计划暑期学校、讲演会、学校参观及其他一切在职职教员暨塾师修养事宜。

4. 会同本课各股，商决全市教育诸问题。

（二）指导股

从前教育行政，对于学校除例行公事外，负指导之责甚少。然教育问题至多，若无专员切实指导，即无从发现而纠正之。故指导股之事业甚关重要。当视各学科，及教育行政上之需要，分设指导员若干人；定期或临时往全市各学校、各私塾，指导一切，并与研究股联络，将研究结果随时指导，俾各学校各私塾力谋改进。

（三）编审股

研究股之事业，于教育方面固属重要，然研究结果之实行，一方面既有赖于指导股，一方面又有赖于编审股。至于实行编审教材，发表方法及结果，广为传布，尤属编审股之专责。编审股之事业如次：

1. 掌理出版编辑事宜。介绍教育上之新方法、新教材以资取法，一方将实验之结果、行政方面之情形、学校之内容，公布于社会，使学校教育、教育行政与社会、家庭，打成一片，而收声息相通之效。

2. 联络研究股审查各种儿童读物，或加审定，或事改编，以期适合儿童需要，提高教学效率。

（四）卫生股

我国一般人向不讲求卫生，各校学生大多数缺乏清洁习惯，学校团体或且为传染疾病之源，此卫生股之事业所以甚关重要也，可分两项：

1. 指导各种卫生事项，养成学生清洁习惯，灌输卫生知识。

2. 实行卫生运动。力与社会合作，防止疾病传染。

（五）调查股

调查股之责任，在查察、统计各项问题，教材之良窳，学生之优劣，师资之好坏，费用之多寡，效率之大小，与夫教育研究之资料，教育行政之实况，综合比较，以取标准。

四、学校教育课统辖机关说明

（一）市立小学校

南京学龄儿童既不下 6 万，以前仅有小学 40 所，何能谈教育普及，何况此 40 校之中，仅负有学校之名者实居多数，宜乎不能得一般家庭之信仰，而入私塾者反数倍于学校也，今欲切实整理市教育，当然以市立小学为基础，旧有小学往往有一巷之内，分设二校，而学生不足 20 人者，校址支配似觉欠妥。今后当酌量地方情形，裁撤合并，全市分设前期小学 25 所、完全小学 10 所、实验学校 5 所，就校数言之，仍为 40 校，从实际言，各校班级扩充，在相当需要之下，附设幼稚园，收容学生数当加倍，同时经费增加，师资改良，今后成绩，或当比从前进步也。

（二）实验学校

市立小学 40 所，分作 5 区，每区设实验学校 1 所，为一区教育研究之中心。一方面试验教授上各种问题，一方面为全区小学之模范，如是则各区小学精神方面成一系统。一方面依照教育局方针，实现一切计划；一方面联络本课研究股，试验解决各种教学问题。教育局与学校之关系一贯，自易收效。

（三）市立中学

南京私立中学林立，就中优良者固非绝无，然大多数经费既无基本，设备又简陋，加之教授训导漫无标准，不但无补教育，甚且贻误青年。为增加小学毕业生求学机会，及改良中等教育计，亟宜开办市立中学若干所，以容纳一般有志求学之青年，使不致误入歧途。

（四）市立师范学校

南京市面积既广，学校又多，将来力谋推广，于师资方面尤宜及早培养。目今计划全市应设完全师范 1 所，招收中等学校毕业而有志研究教育者。至其组织可分幼稚园、小学、中学三科，培养专门人才。如是则数年之后，市内各学校、各幼稚园，均有专门人才。教育当益臻进步矣。

（五）婴儿园

我国向有育婴堂之设，教养遗弃婴儿，用意非不良善。然办法不佳，致婴儿多遭死亡。兹为谋婴儿幸福计，为改良教育计，宜设婴儿园。一方予以适当养护，一方施以相当之幼稚教育。借此研究多数儿童心身之发展、差异和变化，于教育研究上定有绝大之贡献。

（六）私立学校

南京私立学校情形，前经略述，今后当严定立案标准，规定视察办法，恶劣腐败者严加取缔，优良者予以相当补助、相当指导，以鼓励私人办学，而补市立学校之不逮。

（七）私塾

私塾教学之不合尽人知之，唯私塾中亦有采取小学课程形同单级小学者，苟能利用之，未始不足以补助小学教育之不足，今后当：

1. 举行塾师检定试验，以改良师资。

2. 严定设塾条例，规定课程标准。

3. 设置巡回教师，轮流往各塾指导教学。

一方面认真视察，惩奖并施，总期使一般市民教育得有相当补助，盖南京私塾过多，如令停闭，则顿使无数儿童失学，事实上固不可能，且亦非教育之本旨也。

（八）学校图书馆

南京市学校如此之多，学生如此之众，则对于阅书及参考之需要，是当同例增多，各校图书设备，限于财力，故须在市内适宜之地，创设学校图书馆，置备各种书籍，以便各校教员学生借阅参考，市教育前途，定当获益不浅。

上述各种计划，有已经实施者，有正在进行者，有尚未实行者，此篇所述，均系提纲挈领，至于详细办法，及其他计划须与社会教育课通力合作者，兹不具论，今后努力笃行，是在同人自勉，匡正赞助，还期当局诸公及邦人君子。

我们的主张（节选）*

　　幼稚园这种教育机关，在中国本来是没有的。现在我们既然来创办这件事，就应当先自己问一问，用种什么目标，怎样的办法。倘是一些主张都没有，仍旧像中国初办教育时候，今日抄袭日本，明日抄袭美国，抄来抄去，到底弄不出什么好的教育来。我以为无论对于任何事体，要想去办，总得先计划一下，规定哪几种步骤去做，否则只是盲目地效法，哪里会有好的结果呢！至于主张对不对，适用不适用，这个当然不能一时断定。我们现在办这个幼稚园，是先有了研究，再根据着儿童的心理、教育的原理和社会的现状，确定下面几种主张做去。

一、幼稚园是要适应国情的

　　现在中国所有的幼稚园差不多都是美国式的，幼稚生听的故事是美国的故事，看的图画是美国的图画，唱的歌曲是美国的歌曲，玩的玩

* 原载《儿童教育》第 1 卷第 1、2 期（1928 年 3 月）。

具，用的教材，也有许多是从美国来的，就连教法也不能逃出美国化的范围。这并不是说美国化的东西是不应当用的，而是因为国情上的不同，有的是不应当完全模仿的；尽管在他们美国是很好的教材和教法，但是在我国采用起来到底有多少不妥当的地方。要晓得我们的小孩子不是美国的小孩子，我们的历史、我们的环境均与美国不同，我们的国情与美国的国情又不是一律；所以他们视为好的东西，在我们用起来未必都是优良的。比如那个三只熊的故事，因为熊在美国是一个很平常的动物，各处动物园里都有，小孩子玩的熊，图画上画的熊，都是非常的普遍，因此熊竟成为小孩子很熟悉的动物，所以他们的儿童听起熊的故事来，是很有兴趣的。若拿来讲给我们中国的小孩子听，就不免有些隔膜了，因为熊是我们小孩子从来没有看见过的，玩的熊也从来没有的，就是关于熊的故事，也从来未曾听过。以这样未见过、未听过、未玩过的动物做了故事对他讲，当然是不能引起他的兴趣，不能使他领会了。若是我们将这种好的故事稍为改变一下，将熊变为虎，那小孩子听起来就容易懂得多了。又如圣诞节在外国是一个很重要的节期。在这个节期里，人人心目中只有圣诞节，街上看见的，家庭里所预备的，都是圣诞的礼物；并且在这个节期，时有一种使人忘记自己顾念别人的趋向。有钱的送礼给没钱的，使他快乐；大人送礼给小孩子，小孩子送礼给大人；什么亲戚朋友都预备相当的礼物互相赠送，表示大家相敬相爱的意思。像这种节期的风俗，确实可以唤起人民的一种敬爱心，一种舍己为人的观念。在外国幼稚园里当然要遵守要举行的，可是在中国素无此等风俗，就没有举行此等礼节的必要。不过这种舍己爱人使人快乐的精神，我们却应当采行的。我们不妨采用这种精神去庆祝我们的国庆，庆祝我们的新年。那么我们的国庆，我们的新年，不将更加有意义了吗？总之，幼稚园的设施，总应当处处以适应本国国情为主体，至于那些具世界性的教材和教法，也可以采用，总以不违反国情为唯一的条件。如此则幼稚园的教育，可收事半功倍之效，可充分适应社会的需要了。

......

三、凡儿童能够学的而又应当学的，我们都应当教他

什么东西是幼稚园应当教的，什么东西是幼稚园不应当教的，这种问题是我们办幼稚园的人首先要注意的。对于这个问题，有人主张幼稚园不过是小孩子玩玩的地方，只要有点可以玩的东西，使小孩子快乐快乐就是了，不必教什么东西。有的主张幼稚园应当用一种有系统的教材去教小孩子，什么读法，写字，理化常识，都在必修之列。我们现在要问究竟实际上小孩子应当学些什么东西，有什么标准，我觉得下面三种有讨论的价值。

第一个标准是凡儿童能够学的东西就有为幼稚园可能的教材。比方一个小孩子能够识字了，不论他是 2 岁，还是 3 岁，我们就应当设法去教他识字。但是"能学"的这个标准还不够，假使这个小孩子字虽能识几个，然而学习的时间要非常之长，教师所费的精力又要非常之多，在这种情形之下倒反不如用这些时间精力去学别样东西来得妥当而有效力。所以在"能学"的标准之下，也要有点限制才好。例如，有些东西小孩子虽然学是能学，不过学了或足以妨碍他身心的教育，那就更加不

必勉强他学了。

第二个标准是凡教材须以儿童的经验为根据。我们从前私塾里读书的时候，天天念《三字经》《千字文》和"四书五经"等书，虽然能够背诵得很熟，但是觉得毫无意义；因为书上所讲的与儿童的经验隔离得太远了，所以我们应当以儿童的经验为选择教材的根据才好。

第三个标准是凡能使儿童适应社会的，就可取为教材。我们选择教材的时候，不但要问这种教材小孩子能学不能学，与他们的经验有没有衔接，我们还要问这种教材同他现在或将来的生活上发生什么样子的影响。如果这种教材对他现在或将来的生活上有不良影响的，那么就是小孩子能够学的又与他经验衔接的，也不能教他的。譬如偷桃子这件事，偷是小孩子能学的，吃桃子是小孩子的经验里有的，教他去偷桃子来吃，他是很高兴的，但是这种行为与他生活上是有妨碍的，而且为社会上所不许的，所以我们总不能拿它来做教材去教他们。

我们若根据以上的三个标准去选教材，那所选的教材就不至于大错了。

四、幼稚园的课程可以用自然、社会为中心的

小孩子能够学的与应当学的东西，本来是很多的，但是我们不能就这样漫无限制地、毫无系统地去教他。总必定要有一种组织，在相当范围内，使其成为一个系统并使各科目中间互相连接起来发生关系。因为儿童的生活是整个的，所以教材也必定要整个的、互相连接不能四分五裂的。我们不能把幼稚园里的课程像大学的课程那样独立，什么音乐是音乐，故事是故事，互相间不发生影响的。我们应当把幼稚园的课程打

成一片成为有系统的组织。但是这种有系统的东西，应当以什么为中心呢？这当然要根据儿童的环境。儿童的环境不外乎两种：一种是自然的环境，一种是社会的环境。自然的环境就是各种动植物的现象，社会的环境就是个人、家庭、集社、市廛等类的交往。这两种环境都是与儿童天天要接触的，所以我们应当利用这两种环境作幼稚园课程的中心。

五、幼稚园的课程须预先拟定，但临时得以变更

普通幼稚园的教法有两种：一种是固定的，一种是自由的。固定的教法就是教师把一日间所做的种种工作，按照一定的时间去支配。什么时间做什么工作，都是刻板不变的，不管小孩子所做的这件工作有没有做好，时间一到立时就要停止。这种注入式的教法有好处也有坏处。好处呢，是容易见效，学得不久即学会了。坏处呢，是小孩子不能独自创造，不能独自发表意思，以致好的或有天才的小孩子，不能积极地向上进取。这种教法在我们中国的幼稚园里还是很通行的。还有一种教法是"自由教法"，就是让小孩子各人自由去工作，小孩子喜欢做什么就做什么。不过在这种自由工作之中，也有点相当的限制，不然随意妄动就要妨碍别人的动作了。而且这种教法非常之难，一方面幼稚园的设备要充分，一方面教师的知能要丰富。设备不充分则小孩子终日只做一二种工作，玩一二种玩具，甚至缺乏兴趣，不是生厌偷懒，就是妄动胡闹，对于真正的工作，并没有学到。若是设备充分而教师没有相当的学识去指导儿童的动作，那么儿童也学不出什么东西来。但是这种自由的方法，能够运用得当，儿童所得的益处实在是不可限量哩！由此儿童的能力可

以加强，儿童的思想可以发展得很充分，天资特别的儿童不致为全体所牵制而不能上进，其他儿童也得以各人尽量地发展。

这两种方法在运用上都是各有利弊。我们无论采取哪一种或者两种都采取，我们总应当把每日所做的功课预先拟定出来。谁去拟定呢？教师呢，还是儿童？那也不必拘泥。有了这种拟定的功课，教师就可以有相当的准备。不然临时仓皇，就不容易应付。倘使临时发生一种很有兴趣的事情，那不妨就改变那拟定的功课，以做适时的工作来满足儿童的需要。

六、我们主张幼稚园第一要注意的是儿童的健康

我们中国人素来是不注重卫生的，所以身体羸弱，精神萎靡；故外人称我为"病夫"。要知道强国，先强种，强种先强身，要强身先要注意幼年的儿童。儿童的身体不强健，到了成年，也不会强健。所以，幼稚园首先应当注重的就是儿童的健康，不但要强身、强种、强国，还应注意儿童的身体；就是儿童目前的问题，也非得有强健的身体才能解决。因为他的智力，他的行为，都是跟着他的健康走的。身体不强，就不容易学，常看多病的小孩子，对于他的学业，发生许多的妨碍。就在病后也常常不愿意动作，不肯听话，又容易发脾气。身体强健的儿童则不然。他的举动活泼，脑筋敏捷，做事容易，乐于听从，比较有病的小孩子真是大相径庭呢！所以幼稚园为儿童的将来与现在，都应极力注意儿童的健康。还有一层，办幼稚园的人应当特别注意的，就是小孩子常有患传染病的，如百日咳、沙眼、癣疥等类，都是很容易传染给别人的毛病。倘使幼稚园对于这些疾病，平时不加注意，那么一传二，二传

三，不久就要一起传遍了；一个好好幼稚园，将成为一个传染疾病的机关了。这不是很危险的吗？所以幼稚园一方面要常常注意儿童的健康，检查儿童的疾病，以免传染；另一方面要有充分的设备，使儿童每日有相当的活动，以强健他们的身体。

七、我们主张幼稚园是要使儿童养成良好习惯的

人类的动作十分之八九是习惯，而这种习惯又大部分是在幼年养成的；所以幼年时代，应当特别注重习惯的养成。但是习惯不是一律的，有好有坏；习惯养得好，终身受其福，习惯养得不好，则终身受其累。譬如某孩子少时非常放纵，娇养惯的，他的父母也没有什么知识，不去严加约束，反而时常叫他去拿人家的东西来玩；到大来，偷窃的习惯已经养成了，一看见人家的东西有时就要起盗心。又如某幼稚生在某幼稚园上学，开始执笔就用 4 个指头执的，他的教师没有留心，不去矫正他，过了一载，这种执笔的姿势差不多变成一种牢不可破的习惯了；后来，他换了一个幼稚园，那园里的教师发觉了他的坏姿势，费了 4 个月的工夫，才把他矫正过来。倘使这个教师也是如前的教师一样忽略过去，没有替他矫正，那恐怕到后来还要难改呢！所以我们应当特别注意儿童所养成的种种习惯，以期建筑健全人格之巩固基础。

八、我们主张幼稚园应当特别注重音乐

音乐是儿童生来喜欢的。三四个月的小孩子，就能开始咿咿呀呀地

唱了；到了八九个月，他就能发出唱歌的声调了，快乐的时候，格外要唱得起劲；等到 1 岁的时候，就差不多一天到晚不歇地唱；再大一点，只要一听见别人唱歌的声音就要跟着唱起来，虽然所唱的，并不是一样，但是总像一种曲调的样子；到了三四岁的时候，小孩子好唱的能力格外发展得强大，而喜欢音乐的兴趣亦格外来得浓厚。所以幼稚园为满足儿童的欲望起见，就应当特别注重音乐，以发展他们欣赏的能力，养成他们歌唱的技能。若是儿童生来虽然喜欢音乐，但是环境没有什么音乐的表现以适应他们的欲望，这怎样可以有音乐的才能呢？试看中国虽有种种的乐器，但是会玩的很少；各处虽有戏剧的流行，但是除了几个戏剧家以外，会唱的又是很少；一般普通的人差不多全然没有唱歌的能力。比较欧美的情形来，真是愧煞，欧美人民之家庭社会，大半都充满了音乐的环境，中等以上的家庭差不多都有相当的乐器，或是钢琴，或是留声机，每日都有一些时候家庭团聚，弹弹唱唱以资娱乐，并且由此可以陶冶性情，小孩子于不知不觉间受了这种影响，慢慢地就养成一种音乐的兴趣、音乐的技能了。这不但他们的家庭是如此，他们的社会方面也很提倡音乐的，如音乐会是常常举行的，乐剧则各大城市都有。至于学校方面，格外是注重的。所以他们随便什么公共聚会，都有一唱百和之势，团结团体的精神，发扬国家的光荣，从音乐中很能表现出他们的情感。转过来看我们中国的情形，简直可以说要找一个大家能唱的公共歌曲也找不出来，甚至连一个国歌也不能普遍地会唱。在这种情形之下，个人的情感、团体的精神如何可以充分地表现出来呢？所以为满足儿童个人的欲望需要计，为唤起团体爱国的精神计，我们不得不特别注重音乐一科。

九、我们主张幼稚园应当有充分而适当的设备

经验是发展儿童个性的工具。经验也就是学问。无论在家里或在幼稚园里，我们应当给小孩子一种充分的经验。经验的来源有二：一是与实物相接触；二是与人相接触。这两种接触的机会，都要靠着充分的设备为转移的。假使小孩子在幼稚园里没有什么可玩的东西、可做的事体，那么就是有许多小孩子团聚在一起，也不能做出什么有用的事体来；若是有了可玩的东西、可做的事体，那么所学的就多了。但是现在我们中国的幼稚园呢？设备都是非常的简陋，大概有几盒恩物、几块积木、几把剪刀、几张纸头、几盒蜡笔、几个皮球、几张桌椅，以及其他少数物件而已。试问在这种情形之下，怎样可以丰富儿童的经验、发展儿童的个性呢？幼稚园要求发展扩张儿童的经验，非有充分的设备不可，有了充分的设备，小孩子就可以随意玩弄，不但不致生厌，而且由此可以得到许多知识，比如此刻画图或做衣服，等一刻又去做游戏、骑车、跳绳种种动作，以及关于发展儿童各方面个性，都应当有充分的设备。不过在充分的设备之下，也要有一个条件，就是设备不但要充分，而且要适宜。假若设备专是充分而并不适宜，那么它的效力，也就有限，并没有多大的用处了。比如像球形的恩物太少，便不能达到发展儿童肌肉与思想的条件；秋千太高太大，小孩子不易玩弄；滑梯每每的太陡蠢直，使小孩子易遭危险。这些都是设备上所急应注意到的。所以我们筹备幼稚园的种种设备，都应当顾到它们的数量问题和适用问题才好。

十、我们主张幼稚园应当采用游戏式的教学法去教导儿童

游戏也是儿童生来喜欢的。儿童的生活可以说就是游戏。儿童既然有这种强烈的本性，我们就可以利用这个动机去教导他。比方教他识数，我们不能够呆板地教他这个是1，那个是2；我们可以叫他做各种识数的游戏去识数，这就比用呆板的方法容易学得多。又比如识字，我们也不应当用呆板的方法去教他认字；我们也可以用种种游戏的方法（如用识字牌、缀法盘等）去教他，因为儿童总是喜欢游戏的，而且他游戏的时候，会忘记了自己，用全副的精神，去做他的游戏。名义上虽说是游戏，但所学的确是很好的学问，很好的东西。不但如此，还有许多别的游戏，如玩小宝宝请客等，都可以学到许多的东西。游戏的直接用处，虽只是寻求快乐，然而间接的用处则甚大，因为它可以发展儿童的身心，敏捷儿童的感觉，于儿童的生活有莫大之助益，所以幼稚园应当采用游戏式的教导法去教导儿童。

十一、我们主张幼稚生的户外生活要多

"幼稚园"这个名词的意思本是一个花园，让小孩子在里面自由活动，随意游玩，吸收新鲜的空气，享受天然的美景，不是像大学生拘在一间教室里面的；但是中国的幼稚园并不是一座花园，简直是几间房子，小孩子从早到晚差不多都是在那里生活。有的幼稚园只有一间房子，没有什么空地，可以自由娱乐。这种幼稚园简直是一个监狱，把一

般活泼的小孩子关在里面，过一种机械式的生活；像这种幼稚园，真是还不如不办来得好。还有一种幼稚园，园内有许多的空地，或者邻近也有很好玩的地方，但是教师不知道儿童的需要，不晓得利用这些空旷的地方，只一味地把小孩子关在室内，不出去活动，不肯变更他们的教学方法，不晓得小孩子是顶喜欢野外生活的，什么飞鸟、走兽、野草、闲花种种东西，都足以引起他们的注意。至于新鲜的空气，明亮的日光，都是小孩子强身的要素，到了这种野外的地方，做教师的就可以随地施教，看见什么，就可以教什么；小孩子看见了这些野外的景象就得到了一种深刻的印象。若是教师在这种适宜的地方教小孩子唱歌、做游戏、画图画、讲故事等功课，这样小孩子学了许多天然的实物，又可以学到普通所教的功课，并且可以增加儿童的快乐，活泼儿童的精神，强健儿童的身体。像这种户外的教学，比较室内的生活来，不知道要相差多远。还有一层意思要说的，就是我们因为有他种原因不能领小孩子天天到野外去生活，也应当让小孩子多得些庭院的生活，不应把他们天天关在房子里面；因为教室的功用有限，只有在天气寒冷的时候或下雨下雪的时候应当在室内活动，在好的天气时，总应当让小孩子常常出去玩耍。

十二、我们主张幼稚园多采用小团体的教学法

幼稚生的年龄是不齐的，智力又各人不同，兴趣又不能一致，所以幼稚园不能够把他们归在一起，叫他们做一种同样的工作。常看见幼稚园讲故事的时候，一起的小孩子团团坐着听教师讲，其实真正能听教师

讲的，只有几个；其余的都不留心听，不是玩弄这样，就是玩弄那样；即使教师讲得很动听，还是不能引起全体人的注意。这不是很不经济的事吗？最好把故事分开来讲，大的为一班，小的为一班；小的可以多用图画来帮助教学，使他容易领会。教音乐的时候，小孩子也应当像这样分开来教。如此，程度高的不至于受程度低的牵累，可以直往上进；程度低的，也不至于赶不上。这种情形不但对于故事、音乐是应当如此，就是其他的功课也应当照样地分。如此，教学的效力可以增加，儿童的兴趣可以格外浓厚。

......

幼稚园课程的编制 *

一、应该用什么方法来编制幼稚园的课程

本篇拟就南京鼓楼幼稚园试验幼稚园的课程实际情形来讨论。各种编制课程的理论都附在每期的讨论中。鼓楼幼稚园试验课程的工作，始于民国十四年（1925 年）秋，那时候鹤琴任指导，宗麟①任研究之职。另有李韵清女士、俞选清女士等任教导。这个试验可分三期：

第一期　散漫期，十四年秋冬做的；

第二期　论理组织期，十五年春夏做的；

第三期　设计组织期，十五年秋开始做的。

＊ 本文系陈鹤琴和张宗麟合写，1928 年 5 月曾作为《幼稚教育丛刊》第 3 种出版，1932 年收入由陶行知、陈鹤琴、张宗麟合编的儿童书局出版的《幼稚教育论文集》中。原题为《幼稚园的课程》，标题为本书编者所加。

① 宗麟即张宗麟（1899—1976），1925 年毕业于东南大学教育系，毕业后任南京鼓楼幼稚园的研究员、南京晓庄师范生活指导部主任，1943 年到延安后先后在延安大学、北方大学、华北大学任职，新中国成立后任高等教育委员会秘书长等职。——编者注

这三期各有动机，也各有它的特点，现在把它试验的经过情形与感想写出来。

第一期　散漫期

民国十四年暑假，我们两人，经过几次的讨论和师友们的鼓励，决意在几年以内把中国幼稚教育研究一下，试验一下。到我们眼帘里第一个问题就是"课程"。不久宗麟沿着沪宁、沪杭甬路去跑了一趟，得到了许多感想，课程是最大的问题（参看《中华教育界》第15卷第1期《调查江浙幼稚教育后的感想》）。于是就和鹤琴等讨论此问题，定了几条极粗率的原则。

1. 一切课程是儿童自己的，不是教师的，更不是父母或社会上其他的装饰品与利用的工具。

2. 一切课程是当时当地儿童自发的活动，不能抄袭任何人家的。

3. 教师之责任只有供给儿童的询问及各种应用材料，并指导儿童所需要的材料。

4. 注意儿童身体的健康、动作的活泼，不愿儿童受纳许多呆板的知识和斯文如木偶的礼节。

有了这四条原则，于是拟了几条课程的标准和方法。

1. 把通常幼稚园里的课程一律废止。例如走朝会圈，只讲形式的图画、手工、唱歌、恩物等，或完全废止，或废除它的形式，让儿童自由去做。

2. 极力把幼稚园的设备增多与改进，希望布置一个极完备的环境，使儿童随地可以遇到刺激，自发地去活动。

3. 教师要希望儿童做某种活动，或使儿童明了某种观念，只布置某种环境，刺激儿童。例如，重阳节我们只做了许多重阳旗挂在壁上，又贴了许多小朋友执旗登高图；儿童看到了，就会自动地要求做重阳旗，要求登北极阁去的。

4. 教师的工作改变了，不像从前某时间可以工作，某时间休息，预备功课。从开门到放学，凡儿童在园的时间，都是教师的工作时间。不过各人的学识和技能绝非万全的，所以仍采分工办法。在某种环境，某种活动指导，由某教师担任。其余教师不是绝对不参加，不过是在旁帮助，所以名为分工，其实没有严格的界限，还是互助的。

照这样的做法，在计划的时候，以为是最合乎理想没有了，初试的几天，确是个个儿童活泼尽致，教师兴趣淋漓，全园充满了生气与快乐。我们也以为这样做法庶几乎合乎幼稚园的原意了。哪知道几天以后，困难丛生，并且种种困难，都是不易解决的；就是偶尔解决了，这种方法也不易使全中国的幼稚园通行的。各种困难，归纳起来，有以下几类。

1. 教师穷于应付。在寻常的幼稚园或小学里，教师都在未教以前预备材料，到时候拿出来教。我们这样做法，既然没有固定的教材，所以教师预备教材的工作，增加了不知几多，几乎每天预猜儿童将发现什么什么兴趣，极力向各方面去找寻。但是儿童的兴趣是不容易猜的，有时候凑巧恰恰猜着，于是预备的材料可以应用。但是多数兴趣是猜不到的。所以教师时常感到不知怎样应付的苦处。有时看到儿童有这样兴趣，实在以为应该有相当的教导，心里很想找些材料来供给。但是如电闪石火的儿童兴趣，决乎不允许我们寻觅材料去应付的。教师内心的责罚实在太重了，一天之中，不知道要受到几次内心的苛责。

2. 儿童在平面上打转。我们为什么要有教育呢？希望儿童于各方面的进步更有效、更迅速。从前教育，注重教材，也有几分理由的，我们这期的试验适得其反了。儿童自由去活动，教师因为穷于应付，又忙于应付目前急切的儿童需要，不易辟新路使儿童前进，所以儿童们的活动与问题总在一个平面上打转。

3. 不好动的儿童就呆坐了。有许多儿童，非强有力的刺激不能使他们有反应。初进幼稚园的和怕羞的儿童，尤其如此。我们让儿童自由了，活泼的儿童，终日手足不停地活动；怕羞和怯弱的儿童，就眼望着别人动，东去坐一刻，西去找一下。教师心里很想帮助这类儿童，但是事实上是做不到的。这岂不是枉费了儿童很可宝贵的光阴吗？

4. 儿童渐渐有倔强的神气。养成服从的习惯，也是幼稚园的主要工作之一。我们不希望儿童毫无个性地表现，丝毫不知道自由活动，更不希望儿童变成教师命令下的机械。但是儿童倔强骄蛮了，也不容易施任何教育。在这期里，儿童渐渐倔强了，有时谈不到几句话，就会说"我们不要听"一哄而散的。这是一个可怕的现象。

5. 儿童注意力难以集中。"自己感到兴趣的事，能把全部注意力集中"，这是教育原理之一。但是这条原理的例外太多了。这期里，儿童在半天之中不能集中注意作业的例子很多很多。各种活动都是他们自己找来的，于是就见东到东，见西到西，难得做完一件事。因注意力不集中，所以各种学习的进步都极迟缓。

这许多困难，我们起初极力设法补救，教师于布置环境、搜罗教材上，根据儿童将发现的几种兴趣，或社会上将要举行的事情，多方面地预备；平时又手足不停地帮助儿童。教师虽然弄得精疲力竭，对于儿童还是抱愧甚多。幸而我们幼稚园的四周环境很好，有公园，有大学农场，有小山，所以我们常常带着儿童到自然界里去。儿童到了自然界里，各种刺激多了，于是各自去寻找，寻找的结果总是可爱的，可以满足他们的需要的。教师可以减少许多困难，内心的责备也可以略略减少些。但是我们怀疑这个方法的度数，与日俱增，天天想改变试验方法，不过总以为时期不长，或者得不到结论，所以一直维持到半年之久，方才改换方法。

第二期　论理组织期

我们既然感觉到新开的路是难通的，同时对于旧法又不满意，势非再找一条路来走不可，这是继续第一期来做第二期试验的动机。第一期的大困难是缺少组织，于是我们就从组织方面着手。当时我们几个人都以为课程非经教师组织，学生很难有所得的。同时又坚信我们的初志——以儿童为主，合于当地的、当时的环境……于是决定了我们进行的历程。

1. 先拟定下一周的课程大纲（有时候是一个活动单元，有时候有几个活动单元）。这个大纲是根据当时当地的节气、自然物、社会上将到的风俗习惯而拟的。

2. 根据这个大纲，到了星期五，我们又来讨论细目，决定下周用的什么活动，怎样做法。

3. 根据这张细目分头去找材料。

4. 在实行预定课程时，教师就依着表上所列的一件一件做去。做不了的，移到下周再来做，不足的再找新材料来补充。

现在附录一张课程表来做例。

鼓楼幼稚园第 15 周课程预定表（6 月 7—13 日）

提要：本星期课程以过端午节为中心。

星期一

上午

装饰房子，整理庭院。

音乐：唱种瓜歌。

游戏：老虎跳。

故事：大扫除（一）——引子及灭蝇。

下午（本周读法集中于第二、三次检查过的字）

读法：（一）缀法牌。（二）图画法，因故事而引起的。

读法：转珠盘。

故事：大扫除（二）——灭蚊。

音乐游戏：种瓜。

星期二

上午

手工：做香袋儿。

图画：老虎（自由画）。

音乐：复习。

故事：大扫除（三）——整理房子。

游戏：谁扫得快。

下午

故事：大扫除（四）——扫除身体上的污秽。

读法：（一）缀法盘（新字）。（二）读本（在野外读的）。

旅行：以看瓜果为目的。

星期三

上午

旅行：地点临时定，以端午节用品与风俗为目标。

下午

读法：（一）缀法盘。（二）自述簿。

故事：大扫除（五）——检查微生虫。

音乐游戏：复习以前教过的。

星期四

上午

手工：香袋儿。

图画：午蒲剑、艾叶等品。

故事：大扫除（六）——密布防御器具。

游戏：表演。

音乐：复习。

下午

端午节请客之预试——买物、请客、布置，等等。

读法：自述法。

星期五

上午

手工：香袋儿、香老虎等。

艺术：装饰会场。

故事：端午请客。

音乐游戏：复习。

下午

读法：（一）缀法牌。（二）本周总复习。

音乐游戏：复习。

星期六

上午

端午请客：买物、烧点心、请客。

说故事。

唱歌。

做游戏。

此外，每日有检查清洁、户外游戏、吃点心、休息等。又每星期五检查体重及身长等，例课不详载。

这样做法，困难确实减少了许多。教师的预备时间也省了许多，应付儿童也容易了，儿童的学习成绩比前一期进步更速，社会上也以为这样的办法是对的，我们也很私心自喜，以为此路可通了。哪知道行之未久，发现此路大陷阱太多了。这许多陷阱的上面盖着稻草，又铺着鲜花，在外观上真好看，但是会使人落阱的。我们发现了许多不能填补的陷阱。

1. 强制了儿童的兴趣。儿童兴趣，有许多因着环境的刺激而发生，也有忽然感到的。这都是学习的好动机。行了此法，就没有方法去顾到这许多兴趣。又有许多儿童，对于某种活动发生兴趣以后，能持久地做去。例如，有许多孩子，跳进沙盘以后，甚至忘却回家吃饭的。我们有时候为着实行预定计划起见，不得不强制儿童同着我们走。这是一件多么残忍的事呀！

2. 蔑视儿童的个性。我们实行了此路之后，非做团体活动不可。团体活动太多了，不能把每个儿童的个性都顾到。走得快的儿童抑制他慢慢走，走得慢的儿童已赶得汗流气喘了。

3. 教材常常会不适用的。我们虽然是儿童的伴侣，究竟不是儿童了。我们以为重要的、有兴趣的材料，有时候很合儿童的，它有极不合当时的儿童的。例如，清明节不是一件很值得做的节气吗？哪知我们园里儿童的家属都有特别情形，没有扫墓举动，所以清明节的教材，很有许多不合儿童的胃口。

4. 临时发生的事情很难插入。预定的课程，往往是有系统的、要连续地做的。倘若中途加入一事，就会牵动全部的。但是儿童活动哪里会有这样论理组织呢？社会上临时发生事情很多，废弃了这样可贵可爱的事情，实在于心何忍？做了又发生许多阻碍。怎样办呢？内心的责备实在太重了。例如，有一次做苍蝇的活动，忽然一个儿童捉到了一只小麻雀，这只小麻雀已经受了伤的，所以不一刻就死去了。这里发生了一件奇事了，一个儿童提议葬小麻雀，我们当然只好依着儿童的兴趣做去。但是做过这个活动以后，要想回到原有的课程上来，实在费了不少的力，还是勉强的。

总之，照着这条路上走去，处处觉得勉强，失去许多可爱的机会，剥夺了儿童许多自由，埋没了许多天才。只图教师的便利，只要博得社会的欢心，不顾儿童的本身，那是一条教育上危险的路，我们不肯做的。"再来改换吧！再来改换吧！"这是我们十五年将放暑假的时候，在会议席上同声一致的话。

第三期　设计组织期

没有组织的既然不对，有了组织又走不通，旧方法也不能应用，势非重找新路不可。我们找到的第三条路是"设计"的，也可以叫作"中心"的。

说起"设计"二字，在中国未免旧了，但是在幼稚教育上是簇新的。我们采取此制虽然不敢说是前无古人，不过此法也很值得一试，并且到现在还相信此制是可以试行的。十五年此制在鼓楼幼稚园试行，十六年度开始在南京全城 14 个幼稚园里试行，十六年下学期，在晓庄、燕子矶等乡村幼稚园里也试行。此制似乎还适用。现在把它的路径约略说一下。

1. 本星期教师会议席上会议下星期大约可以做些什么。

2. 把要做的活动拟定以后，于是商议它的内容，大约有多少步骤可以做的。

3. 将各活动内应用的材料和可以参考的书，教师详细预备。不过所谓预备是教师自己的预备，不是替儿童件件都装配停当，儿童可以不假思索地来享受的。

4. 寻找或布置一个适当的环境来引起这个设计。

5. 儿童既然感到兴趣，教师顺着儿童的兴趣，引起各活动的各方面来，并且与各科来联络。但是并不强求合乎预定的。

小学设计教学有纵的连贯与横的发展，在这期里也有此雏形。不过我们把这个活动是整个看待的。倘若要分它是纵的与横的也可以，不过只有一个活动加上两个徽号罢了！

6. 时间完全不限制。多做就多做，少做就引起别的设计来。

7. 儿童如不能维持到做完设计的全部历程，教师亟须考察一下，究竟是什么缘故，可以补救吗？

幼稚生不能维持做完设计的全部历程，此是常事。所以我们要很留意的，同时也不要引以为怪事。

8. 儿童临时发生特种兴趣，教师要尽力去指导，有时竟可以把全部预定的改变，做这个临时发动的事。

9. 幼稚生亟须看到结果，所以各个设计中当分做许多小段落，他们的兴趣方才可以维持。

10. 在同一设计单元里，各方面的活动很多，儿童愿意做任何一方面应该听儿童自由去做。不过希望每个儿童各方面都做到。

11. 在同一设计单元中，有许多活动要几个人合作的，有许多活动只须独做的。教师可以做他们的领袖，同时可以训练几个儿童来做领袖。

12. 每个设计单元的每一个阶段或一方面的活动，得到结果，应当有极短的、简单的批评与讨论。

附本期试验的实例（十五年十一月二十九日至十二月五日）。

（一）课程总说

本周因张先生回家嫁妹，就以此来做本周活动的中心，其中可以试做的活动如下。

1. 张先生又要回家去了，小朋友应该送些礼物给张先生。

2. 张先生怎样回家去的？

3. 和张先生通信。

此外，有几件例行工作。

1. 星期一晨开一个周会。

2. 检查清洁三次。

3. 检查习惯与技能一次。

4. 每天做整理工作。

5. 每天吃点心一次。

（二）各种活动可以试做的各方面

1. 张先生又要回家去了，我们小朋友应该怎样？

（1）张先生为什么又要回家去呢？

①前个月张先生为什么不对小朋友说明，匆匆地回家去呢？你们还记得写信给他吗？

②这次他又要回家去了，我们请他来报告。

③请张先生来谈话，问张先生几时动身，问张先生家里的情形怎样。

（2）送些什么给张先生带回去？

①张先生喜欢什么东西？小朋友自己做的，张先生非常喜欢。

②小朋友做些什么呢？有许多东西，如泥做的或样子太大的，等等，张先生是带不回去的。

③小朋友大家来做，画几张好看的图画，剪贴几张好东西，刺绣几张好物件。那些东西，既便于携带，又很有趣。

（3）张先生也送礼物给小朋友。小朋友喜欢什么？猜猜张先生要送什么。

以上三项，大约在星期一、二两天可以做完，星期一做（1）、（2）两项，到了星期二上午开一个欢送会，这个会里可以做的：

①张先生报告回家去的路径。

②送礼物给小朋友。

③小朋友送礼物给张先生。

④唱欢送歌。

⑤讲故事，弄中国乐器，答谢小朋友的好意。

⑥小朋友跳舞做游戏。

⑦欢呼。

⑧茶点，小朋友说笑话，教师说笑话，唱歌。

2. 张先生怎样回家去的？

(1) 张先生家住哪里？

①张先生家住在绍兴乡下。

②张先生回家去的时候要经过上海，又要经过杭州。小朋友有到过上海、杭州的吗？

③张先生的家乡有山有水，又有很好的鱼、花、鸟……还有可爱的小朋友。

④张先生家里有白发老母，有将要出阁的小妹妹。小朋友，想想看，他见到母亲的时候怎样？你们见到母亲的时候又怎样？

(2) 张先生走回家去的吗？

①张先生回去要坐的东西很多：

坐马车到下关。

坐沪宁车到上海。

坐沪杭车到杭州。

坐轮船过钱塘江。

坐长途汽车到绍兴城里。

坐小船到家里。

②这次张先生回去要用多少钱？

马车费1元，沪宁车费3元，沪杭车费2元，饭食1元，长途汽车2元，小船1元（坐轮船是义渡不要出钱的）。总共几块钱了？

（3）张先生从家里回到南京又怎样呢？

以上三项从星期二下午做起，做到星期四，大约可以做完了。下一个活动可以继续做起来。

3. 张先生的信来了，我们来写回信吧！

（1）这是张先生写来的信。

①张先生已到上海了！读信。

②张先生的信从哪里来的？

张先生到上海写信交到邮筒里去；

邮差把信送到邮局里去；

邮务员看过邮票，盖过邮戳，送到火车上去；

火车把信带到南京来，到了北门桥邮局；

北门桥的邮差把信送到幼稚园里来。

③看来信，信封上的邮票和邮局的盖戳等。

（2）我们也来写信给张先生。

①写什么话？画图也好的。

这次他们所画的有一张兔子娶新娘的图，小宝宝跳舞图，还有几个儿童合写的一封信：

张先生：

你的信收到了。你到家了吗？你的妹妹好看吗？我们盼望你快些回来。

这封信先由小朋友说，教师把它逐句写在黑板上，又经过一次改正，然后由小朋友抄写下来的。

②怎样写信封？

③寄信的手续：

用4分邮票——此处数各种邮票，1分、2分、3分、4分、1角和明信片等。

用糨糊封住信封，送到邮筒里去。

本段从写信引起邮局，又由邮局引到邮票，从新邮票可以引到旧邮票，从旧邮票可以引到搜集旧邮票。搜集旧邮票又是一个很好的活动单元了。所以我们往往于一个活动单元之后继续地可以引起单元来的。

设计组织法的流弊如何，此刻还不敢言。并且到此刻（十七年六月）我们还相信此法可以通行的，将来做的日子久长了，发现几多困难与不适用之处，那是不敢逆料了。

现在把怎样编制幼稚园课程的原则汇集起来，再来说一下。

1. 教师在未定课程以前要随时随地留意儿童的行动、好尚与兴趣之发生、持久等状况。

2. 教师要明了儿童心理的普遍原则。

3. 教师要调查当地社会情形，与大多数儿童家属的状况。

4. 教师要熟悉当地自然界现象与普通自然物的生长状况。

以上四条，可以说是教师预备工作的第一步。

5. 预定活动单元要合于当时儿童的需要与社会上、自然界将有或已有的东西。

6. 每一星期预定的单元，要多于两个以上，以便儿童不做甲可以有做乙的机会。

7. 每一单元的细目要详细分析。

8. 每一单元应用的材料教师要充分预备。即使有许多材料，应该儿童做的，教师也应该下相当计划，方才不失帮助者的本位。

9. 预备工作至迟必须早三天做。

以上五条是预备工作的第二步。

10. 引起动机可以用环境的刺激，也可以用谈话的刺激。

11. 引起动机以后，亟须决定目标与应做到的结果。

12. 做的时候要采取分工的原则。

13. 做的时候要多方变化维持儿童的兴趣。

14. 可以有相当的训练，不过不要太枯燥。

15. 每一个大单元不能继续做了，可以在分段里停止。

16. 做了一段，就要有讨论和批评，鼓起继续做的兴趣。

17. 在一个单元没有做了的时候，忽然来了一个有力的刺激，儿童兴趣忽然转移了，那么应当依照儿童的兴趣，领导他们做去。千万不要固执预定的单元与材料。

以上八条是实行课程时应注意的。

二、一张日课表

日课表的名词或者太旧了，但是我以为儿童的活动断乎不是如机械的可以定表的。我们既然有了表，不免有几分机械性，所以不如称它"日课表"。

这张日课表不是代表最优良的幼稚园的，也不是希望全国的幼稚园都如此做。我们只希望读者做一种参考，不拘泥，会活动，倘能做的时候能问一声"为什么要这样做？""不是这样做可以吗？"那末这张带着几分机械性的日课表也活了。

这张日课表有几点要注意的。

1. 幼稚生在园的时间，上午以两小时半为标准，下午至少要二小时。得酌量情形加长，如乡村间上、下午都需三小时。

2. 春夏秋三季上午8时半开始，11时半放学，下午2时开始，4时以后放学。冬季上午9时开始，下午4时放学。

3. 不要分节，所以下面所定的几分到几分是某种活动，不要像小学有钟做记号，也不要说现在要换班了。因为活动是整个的，一段做完，很自然地接续下去就是啦。

4. 每所幼稚园定了日课表，千万不要拘泥于日课表，要常常变化，使儿童如过日常生活一样。我们知道幼稚园不是"人的机械养成所"。

某幼稚园冬季日课表

上午

8时50分以前儿童陆续来园。

9时—9时15分　开朝会，唱朝会歌、请安歌或检查清洁等。

9时15分—10时半　做设计活动。其中有手工、图画、唱歌、表演、布置、自然、谈话或出游等。

10时半—11时　进点心。吃点心时，或唱歌或讲故事，或弄乐器使儿童欣赏。

11 时—11 时半　儿童自由活动。往往是户外活动。有时继续做设计活动。

11 时半　放学。唱放学歌，做放学再会的活动。

下午

1 时 50 分以前儿童陆续来园。

2 时—2 时半　自由活动。

2 时半—3 时　读法或游戏。

3 时—3 时半　唱歌或继续做设计活动。

3 时半—4 时　谈话或读法或出游。

4 时　放学。也唱放学歌，做放学再会等活动。

这所幼稚园下午的儿童与上午的儿童稍稍有些不同。不到 4 周岁的儿童，下午不必来。所以他们下午的活动，略略偏重读法与自由活动，很有些小学一年级的味道。

三、幼稚生生活历

《幼稚生生活历》这张表是根据二年来的试验做的，详见表 1。其中所列诸种活动，如自然现象与社会常识是偏于江南一带的。其中诸项活动，遗漏的很多。我们因为它们在两年之中发现的机会不多，所以把它们略去。这张表，现在正预备做大规模的试验来证明它。

这张表可以做预定设计活动之一助，但是我们希望只做预定设计活动的一助，千万不要以为是完全对的，可以依照表一件一件地来做的。

表1　幼稚生生活历

月份	活动							
	节期	气候	动物	植物（花草）	农草	儿童玩耍	风俗	儿童卫生
一	元旦	冰、雪、西北风	金鱼、鸽子	芽、腊梅	葱、韭、胡萝卜等	新年锣鼓	新年礼	冻疮、伤风
二	立春、旧历新年	冰、雪融化、东风	猫、鼠、狗	水仙、葱、大蒜	菜、麦地、除草	迎灯、放爆竹	迎春	伤食、曝日害
三	中山先生周期纪念，黄花岗烈士纪念，百花节（阴历二月十二日）	植树节、春分	燕子、蜜蜂	梅花、嫩叶、兰	孵小鸡	放鹞子	赛会	喉症
四	清明节	春雨	蝴蝶、蚕	桃花、笋、桑、豆花	种瓜、做豆腐	斗草	扫墓	牛痘
五	国耻、岳飞诞辰	换季	蚌、黄莺	蔷薇、野生植物	收麦、布谷、养蚕	草地跳跃、翻筋斗	竞渡	灭蚊、蝇种子
六	立夏、端午	黄梅雨	萤火虫、牵牛虫	石榴、牡丹	插秧、除草（耘）	寻贝壳	送礼*	洗澡
七	暑伏	雷雨、虹、大热	蝉、蚱蜢	荷花、牵牛花	收瓜	寻藏（寻瓜游戏）	丧葬*	受暑
八	立秋、林则徐禁烟	流星、凉风、露	蟋蟀、纺织娘	茑萝松、凤仙、鸡冠花	种荞麦、收稻	车子	七巧	受凉、疟疾

月份	活动							
	节期	气候	动物	植物（花草）	农草	儿童玩耍	风俗	儿童卫生
九	中秋、孔子诞辰	明月、大潮、秋风	蜗牛、蚌	菱、桂花	收山芋、玉蜀黍、棉花	滚铁环、旅行	赏月、观潮	痢疾
十	国庆、重阳节	换季	蟹、虾	菊花	种豆、麦，拔萝卜等	旅行、踢毽、赛果子	登高	眼疾
十一	中山先生诞辰	露、霜	皮虫、鹰、鸭	红叶、野果	耕田、收白菜、做各种腌腊货	赛果子、跳绳	做寿*、结婚*	感冒
十二	蔡锷恢复中华共和、大除夕	西北风、冬至	羊、牛、麻雀	月季、干草	修理农具、修茅屋	踢球、拍球	腊八	龟裂、冻疮

注：表 1 系根据江浙两省情形所拟的，表中有 * 的系当时发现得最多的事情。

四年来中国幼稚园课程的拟定 *

近四年来的幼稚教育比从前究竟有多少进步，课程有没有规定？教材有没有增加？师资有没有适当的机关培养？教法有没有改进？设备有没有改良？一般普通的社会对于幼稚教育有没有相当的了解与兴趣？

这些问题，都是很值得研究的，可惜我们没有充分的时间把它们来详细地研究一下，现在只可凭我个人所晓得的约略说一说。

1. 幼稚园发达的情形

四年来全国幼稚园究竟增添多少，教育部还没有相当的调查，无从说起。不过据我所知道的，确也增加了不少。

十六年秋，南京特别市教育局同时在五个区实验学校内各附设幼稚园一所，不久又增加六所。这是当时政府教育机关提倡幼稚教育之事实。由是各地响应，上海市教育局也积极地增添幼稚园，除务本与西成原有附设外，近来又添办幼稚园至七所之多。安庆也急起直追，同时在市立中心小学及第一实验学校各添办幼稚园一所。其他如杭州、苏州、

---

* 节选自《四年来之中国幼稚教育》，原载《儿童教育》第 3 卷第 8 期（1931 年 4 月）。标题为本书编者所加。

镇江、北平等处均陆续添办。幼稚教育到现在已渐渐被人重视了。

2. 幼稚园的教法

照原理来讲，幼稚园的教法应当完全适应个别儿童的兴趣与能力的，从前的教法，大概太呆板，整天把小孩子关在一间教室里，很少与自然界相接触。

幼稚园本来是一个儿童的乐园，除游戏室、工作室之外，幼稚园应当有个很好的花园，以便小孩子一日之中，常常在外游玩、鉴赏、学习。对于这一点，现在一般幼稚园还没有充分地顾到。

至于室内教学，我们也应当顾到儿童的个性。但是我们的教法虽比从前来得活动，可是仍旧很呆板。

现在一般普通幼稚园的教法，还是一种班级制（团体式）的教法，还不能适应儿童个别需要与兴趣，照例个别儿童或两三个儿童随意做一种工作，这种工作可以自动地去做，或者由教师暗示，或者由他们自己想出，教师只要在旁辅导。这种自由的个别教学法虽有人提倡，而采用的人还是很少的。

3. 师资的培养

培养幼稚教育的师资机关可说素来是由教会开办的，公家曾经也办过几处，可惜都因经费缺乏，相继停顿。

近四年来，培养师资的机关颇有如雨后春笋蓬勃生长之势。福建集美幼稚师范成立未久，而十七年夏，南京市教育局与中央大学合办临时暑期幼稚师范训练班。当时南京市教育局聘有幼稚教育指导专员，组织幼稚教育研究会，每两星期召集市立与私立各校幼稚教师开会一次，讨论实际问题，报告以前两星期的工作，拟定以后两星期的课程，开会兴趣非常浓厚。

十七年秋，南京女中正式增办幼稚师范科，同时在上海有私人团体创办上海幼稚师范。十八年安庆省立女中、福建省立高中，十九年上海大夏大学也相继增设，其他如教会学校之设有幼稚师范科者有河北昌黎、福建厦门、山东泰安、北平燕京、杭州弘道、苏州景海等校，最近四川成都熊某拟私人创办幼稚师范一所，正在物色相当人才进行此事。吾国对于培养幼稚教师之热烈，亦可见一斑了。

4. 课程的拟定

幼稚园的课程四年前是没有具体规定的。十七年五月第一次全国教育会议由大学院组织中小学课程起草委员会拟定暂行幼稚园课程标准。两年来由教育部令行各省幼稚园实施试验以便将来修订。这次草定的标准，虽不能说尽善尽美，然比较从前漫无系统，漫无标准，觉得好得多了！希望不久就有正式标准出现，使各处幼稚园有所遵循。不过各地情形不同，希望教育部对于推行标准，准许各地教师得"因地制宜"酌量采纳。

（1）暂行课程的内容

①音乐；②故事和儿歌；③游戏；④社会和自然；⑤工作；⑥静息；⑦餐点。

（2）关于工作的内容

①玩沙；②恩物装置；③画图；④剪贴；⑤泥工；⑥缝纫；⑦木工；⑧织工；⑨园艺。共9种。

至于各项详细的内容，请参看教育部十八年颁布之《幼稚园小学课程暂行标准》（商务印书馆出版）。

（3）新添的教材

近年来，新教材的增添确也不少，现在略举几种如下。

①关于手工方面的

纸浆，纸浆的效用可以同泥工一样做法，非常经济。只要拿日常看的废报纸，撕成小片，浸在水桶里，约两星期后拿出来，把水挤出后掺入面粉少许，用手调捏，等捏得像粉团就可做各种动物、用具了，做成之后可以历久不坏。

粉工，这种粉同黏土纸浆很相像，有一种粉可以调和各种颜色，拿来做各种东西。这种粉就是我们随时在街头巷尾可以看见、那些北方人憩了副担子在那儿做各种动物的东西。

②关于算学方面的

小孩子对于算学观念，还没有充分地发达，不应预先灌输给他，反使发生厌倦，所以当初学的时候，应该用游戏的方法，使他发生兴趣，以下有几种教具可以应用。

得赏盘（参看《儿童教育》第 2 卷第 3 期）的用法：可将各种动物名词，写在格中，上面写数目。玩时只用手拨架，即能旋转，如停止处是狮子，上面数目是"6"，儿童或教师可记在黑板上（纸上也可），然后再旋，如停止在"老虎"格中，上面数目是"5"，则"6"与"5"相加几何？无形中可以暗示小孩识数观念。

过桥洞（参看《儿童教育》第 2 卷第 2 期）：桥下有洞 5 个，每洞之上用粉笔注明分数，分数之大小，可照儿童记数之能力，桥共长 4

尺，中高 8 寸，边高 4 寸 5 分，① 可使儿童拿球从远处滚入，由教师将滚入桥洞上的某数，写在黑板上。以此类推。

算术练习板（参看《儿童教育》第 1 卷 381 页）：圈格内各写某数字，中写一数与符号或加或减，由教师酌定，可任意指某数与圈中某数相加，叫儿童说出或写出得数。

板是用白漆漆的，圈用蓝漆或绿漆漆成，数字用墨笔写上。用过后可以揩去，再写别的数。

③关于读法方面的

活动影戏（参看《儿童教育》第 2 卷第 3 期），利用这种方法去教小孩子读法，可说是事半功倍。

用法：用一条很长很长的纸，把字句写在每幅面积上面的一半，下半就照字句意义画图，画成一幅整个的故事，把它卷在圆木上叫小孩子拿了上面的柄，自转自读，倘能把小孩子所耳濡目染的事物编成故事画在上面，那是最好没有了。

木字印刷（参看《儿童教育》第 3 卷第 6 期），寻常学习文字，必须经过四种过程：耳朵听得懂；嘴巴说得出；眼睛认得出；手能写得出。而四种过程中，要算手能写得出最重要了。

现在幼稚生对于文字学习，往往只用到耳、眼、口三种过程，对于用手学习的那种过程反因小孩子的能力薄弱不去应用，结果小孩子有许多意思只能说出来，而不能用文字发表出来，这是很可惜的一桩事。

所以，我想出这种"木字印刷"来补救这种困难。"木字印刷"的

---

① 1 尺约等于 33 厘米，1 寸约等于 3 厘米，1 分约等于 0.3 厘米。

内容分字汇来源、字汇分类、字汇用法、字汇匣、字汇木戳五种。单字共有五百八十个，分四匣装置。这种用手学习的利器，幼稚生尽可应用裕如，乐此不倦了。

④关于图画方面的

日记图，现在一般普通的幼稚园，对于图画一课，往往由教师画好或做好或印好，再叫小孩子照了画，照了剪，照了着色。而每每忽略小孩子的自由创作，不知自由创作实足以启发想象，表达个性，其功效比较模仿，何啻霄壤。现在我介绍一种日记图，可以在每天图画课上，叫小孩子随意写生，或画今天他们所看见的，或做的，或读的，都可以尽情地画在纸上，再由教师择其优者粘入拟就的格中，每两星期调换一次，每学期订成一本，实验以来颇见成效。

⑤关于设备方面的

摇马（参考《儿童教育》第 1 卷第 2 期），儿童好动，摇马的功用即可以模仿真马的动作。两手扶着扶手，两脚踏脚蹬上，背靠后面的靠背，前后摇动，因重心域大，所以不论前后摇动，不致倾跌。

天台，可以锻炼儿童身体，养成活泼精神。台面六边形，六边各装运动器具一种，中竖溜木，可以从上滑下，四周绕有铁栏，台底铺有黄沙，以免危险。

⑥关于儿童读物方面的

《图书故事》（商务印书馆出版）；《幼稚园课本》（商务印书馆出版）；《幼稚园读本》（世界书局出版）；《好朋友》（儿童书局出版）；《故事》（工部局教育处出版）。

⑦关于教师参考书近几年发行的有：

《故事集上、下》，世界书局出版；

《幼稚园原理与实施》，张雪门，北平香山慈幼院出版；

《儿童文学讲义》，张雪门，北平香山慈幼院出版；

《幼稚园研究集》，张雪门，北平香山慈幼院出版；

《课程幼稚园指导法》，张雪门，北平香山慈幼院出版；

《儿童保育法》，张雪门，北平香山慈幼院出版；

《初期儿童教育》，董任坚译；

《儿童教育月刊》，中华儿童教育社，开明书店承印；

《行为主义的幼稚教育》，章益译，上海黎明书局出版；

《幼稚教育概论》，张宗麟，中华书局出版；

《美国幼稚教育》，赵宗预，商务印书馆出版；

《幼稚教育论文集》，陶知行等，南京晓庄师范；

《蒙台梭利与其教育》，张雪门，世界书局出版；

《幼稚教育专号》，《教育杂志》，商务印书馆出版；

《幼稚教育专号（一）（二）》，集美幼师，福建《集美周刊》；

《家庭教育》，陈鹤琴，商务印书馆出版。

"鸟言兽语的读物"应当打破吗?[*]

"鸟言兽语的读物"究竟应否打破?这要看以下两个问题如何解决:

(一)这种读物小孩子喜欢听、喜欢看、喜欢讲吗?

(二)这种读物小孩子听了看了讲了,究竟受到什么影响?

若是小孩子不喜欢这种读物,我们当然不应该给他,我们还要看这种读物究竟对于他有没有坏的影响。若是小孩子虽喜欢而受到的影响却很坏,这种读物当然不适用。我们晓得有许多东西小孩子喜欢的而未必对他有好处,所以要断定鸟言兽语的读物究竟有没有价值,只要看以上两点就可以决定的。

照我个人的经验看来,鸟言兽语的读物,年幼的小孩子——尤其是在七岁以内的小孩子——是最喜欢听、最喜欢看的。至于害处呢?我实在看不出什么。不过究竟这种读物是否是儿童所需要的,让我约略地说一说。

小孩子在一岁以外的时候,对于各种事物,发生许多动作、许多兴

---

[*] 原载《儿童教育》第 3 卷第 8 期(1931 年 4 月)。

趣，我们成人看起来，恐怕要觉得很稀奇，其实从小孩子眼光里，是一件很平常的事，不信，请看下面的几桩事实。

1. 骑马。我的小孩子一鸣，在一半岁的时期，对于无论什么可骑的东西，如桌腿、椅背、棒头等，都拿来当马骑。不但如此，有时他一听见别人说"马"这个字的声音或"骑马"两个字的声音，就立刻把身子上下跳动，作骑马的样子，并且嘴里喊着"ä——ä——ä"的声音。

这种"棒头当马骑"的情形，在各国小孩子生活中是一桩很平常很普遍的事，这种很平常很普遍的儿童生活，我们成人应否让儿童享受呢？关于这种生活的读物故事我们成人不应当让儿童看，让儿童听，让儿童讲吗？

但是我们又要仔细想一想：这种"棒头当马骑"，不是比鸟言兽语还要神怪，还要不近情理吗？

2. 洋娃娃。一个一岁多点而尚未能讲话的小孩子，就能抱了一个洋娃娃，用手拍拍他，嘴里还发出一种 ä——ä 的声音，表示同他讲话的意思。等到再大一些（三岁）他就能同洋娃娃谈话，好像做双簧的样子。

他真的相信洋娃娃是真的小孩子吗？不！当洋娃娃是真的小孩子，那恐怕是绝无仅有的事吧！

3. 滑稽图。下面几张图画，哪一个小孩子看见不喜欢呢？关于这种图画的读物，哪一个小孩子不喜欢看呢？但是他们相信猪真的会跳舞吗？水果真的像人吗？绝对不会的；那么为什么我们成人不准他们享受这种好玩的东西呢？（如图 1）

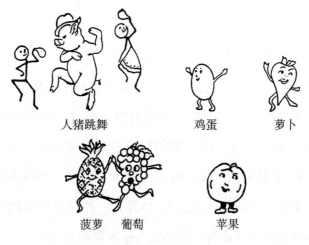

人猪跳舞　　　　　　　　鸡蛋　　　　萝卜

菠萝　葡萄　　　　　　苹果

图 1　滑稽图

4. 滑稽电影。（1）昨天我带了我的五个小孩子（从一岁半到十岁）去看电影，第一部片子就是《黑猫》（*Felix*）。那时全场的小孩子一看见黑猫出现，就大声鼓掌，高兴非常。这个滑稽故事，在报纸上常常登载的，这只黑猫不但会讲话，而且所做的事情，往往出乎情理，违反自然，然而人力所不能做的。

但是小孩子相信黑猫真的有这样能力吗？他们是绝对不相信的，但是看的时候，他们表示十二分的快乐。看了之后，他们并没有回家去把自己家里的猫也当作黑猫一般看待。

（2）记得上星期也看到一张滑稽副片，很可以做我们的参考，这张片子叫作《动物音乐会》。开会之前，有许多动物穿了衣服，戴了眼镜，坐了各种交通工具，来赴这盛大的音乐会。有的坐了飞艇轧……轧……地从天上飞下来，有的坐了汽车呜……呜……地从桥上开下来，有的坐了火车哄……哄……地从远处冲过来，有的坐了马车得……得……地从街上跑过来，形形色色，非常热闹。

开会的时候，节目颇觉有趣。忽而有三四位青蛙姑娘拉着手，张着口，跳舞唱歌；忽而有五六位老鼠小姐翘着尾，抬着头，大唱特唱，唱得非常出色；忽而有一位白猫先生，挂着身子，吊了尾巴，两手弹琴，两只眼睛忽大忽小，神气十足。那时黄狗、雄鸡、乌鸦……有的敲铜鼓，有的拉凡亚铃①，叫的叫，跳的跳，各献各的本领，忽而这样，忽而那样；约有 10 分钟的工夫，这张片子演了之后，全场不期然而然地鼓起掌来。像这种"动物音乐会"，纯粹是一种鸟言兽语的物语，而这种物语，不单小孩子喜欢看，就是成人也非常欢迎。

5. 实在的阅读经验。鸟言兽语的读物，在欧美非常风行，我不知道那欧美的小孩子看了听了这些读物究竟受到什么坏的影响，我现在且把我自己所得到的经验来说一说。我的几个小孩子对于鸟言兽语的读物可以说是都很喜欢的，不单一种很普通的鸟言兽语的读物，就是很神怪的一种材料，如《西游记》——二郎神捉拿孙猴子、封神榜等等，也都是非常喜欢听，喜欢看。

我有时讲了之后或者他们自己看了之后，我就问他们这种事情是真的吗？是真有孙猴子吗？他真能一个筋斗翻十万八千里吗？他们都回答说："没有的！不会的！"有时候甚至于回答说："这是故事，讲讲的！"

这样看来，这些认为消遣的儿童读物，于年幼的孩子实在没有什么妨碍。

总结起来，小孩子尤其在七八岁以内的，对于鸟言兽语的读物，是

———————————

① 凡亚铃指小提琴。——编者注

很喜欢听，喜欢看，喜欢表演的。这种读物，究竟有多少害处呢？可说是很少很少，他看的时候，只觉得它们好玩而并不是真的相信的。

至于这种鸟言兽语的读物，常常讲给小孩子听，或给小孩子看，当然有种危险，这种危险与平常小孩子所需要的东西是一样的。犹如"吃奶"，我们都晓得奶是很好的营养料，小孩子非它不能生存的，不过到了一岁半以后，那他还是吃奶，而不吃旁的东西。他虽然不至于有什么危险，但是要受损失的。我们应当慢慢儿给他吃些别的东西。鸟言兽语的读物与吃奶是有些相仿的。年幼的小孩子很喜欢听鸟言兽语的故事，恐怕在那时候只有讲那些故事给他听，好比一岁的小孩子只有奶是他唯一的营养料，到了大了以后，奶应当少吃而鸟言兽语的读物也应当少讲，多给他看些旁的读物。我们绝对不可说奶是坏的东西，不能给他吃的。

最后我要慎重声明的，鸟言兽语的读物，自有它的相当地位，相当价值，我们成人是没有权力去剥夺儿童所需要的东西的，好像我们剥夺小孩子吃奶的那一种权利一样。不过小孩子到了大的时候，我们应当供给他看别种材料。犹如奶吃了，再给他吃别的营养料一样。

现在在我国，儿童读物，还是那种鸟言兽语以及各种神怪的故事，好像小孩子还是要一天到晚吃奶的样子，请教小孩子怎样会强健呢？我们应当竭力地多编各种科学故事，来丰富他的经验，来引起他的兴趣。这大概也与儿童的饮食是同出一辙，同一情理吧！

还要附带声明的，就是现在书坊上所出的各种神怪小说、武侠小说，实在是不合儿童心理，而且含有一种晦淫的意味，甚至出售荒诞不经的读物，如各种鬼的故事等。这种故事，最好不要给小孩子看。

钻进儿童圈子里去才能写出好的作品*

　　儿童读物是儿童的精神食粮。许多家长都说没有优良的儿童读物，我要问：为什么中国缺少真正写儿童读物的人？以前有很多了不起的儿童读物，如《西游记》《水浒传》《三国演义》，很多外国人写的故事，没有这样有声有色，近来为什么又不行了，症结在哪里？我认为作为一个儿童读物的作家，要认识儿童，了解儿童，更重要的是同情儿童，爱儿童，由这样而产生的作品才是儿童所需要、所喜爱的。中国儿童作家缺乏这种精神，大儿童（指成人）没有钻进小儿童圈子里去。缺乏儿童生活的研究，是不能写出好的读物的。好的作品要儿童看得懂，顶重要的是万不可写鬼怪故事，否则对儿童的心理健康影响很大，看了往往不敢回家，晚上也会做噩梦。

　　其次，儿童读物应该引导儿童的思想走向创造的路。外国最近有些儿童读物的形状和图画配合，他们的插图也很有研究，了解儿童并熟悉儿童。画儿童插图的不仅是画家，而且是心理学家，中国都很少。美术

＊ 原载《大公报》，1948 年 4 月 5 日。

专科学校很少研究儿童图画的，画儿童图画，颜色、形状都要研究。儿童读物的目的，不仅灌输文字，而且要灌输思想。如果只注意文字的灌输，就没有趣味了。美国的教授，最近用故事体写科学事实给儿童看，儿童最感兴趣。

再其次，要启发儿童的创造性。陶行知先生曾经说过成人做的文章要小先生改，我发现小朋友的思想是我们想象不到的。儿童有创造性，我们要发现他们并启发他们。要给儿童看各种东西，要丰富他们的经验，使他们能深思。牛顿看见苹果掉下来，发现了地心引力，为什么其他人不能发现，这就是深。深与广，是培养儿童创造力的重要因素。

幼稚园课程的编制再论 *

中华人民共和国的教育，是新民主主义的教育，其目标和内容都已明确规定。因此，幼稚园课程的改革是很迫切的。下面，我就编制幼稚园课程的原则、方法，以及幼稚生的生活历和幼稚生一天的生活，提出来跟大家商讨商讨。

一、编制课程的原则

1. 是民族的，不是欧美式的。中国的幼稚教育，大都是欧美式的。幼稚生听的故事，是欧美的故事；唱的歌，是英美的歌曲；玩的玩具，教的教材，大都是从英美来的；就连教法也逃不出英美式的范畴。不知道，我们的国情，我们的环境，与英美不同，怎样可以全般抄袭模仿呢？例如圣诞节，在外国是一个很重要的节期，外国人大都在那天狂欢庆祝的，幼稚园也不例外，而中国的幼稚园也大大地庆祝，这是不必要

---

* 原载《新儿童教育》第 6 卷第 10 期（1951 年）。原题为《幼儿园的课程》，载陈鹤琴著：《陈鹤琴全集》第二卷，江苏教育出版社 2008 年版，第 456—462 页。标题为本书编者所加。

的。因此，我们编制课程的第一个原则是民族的，不是欧美式的，如此，幼稚园的教育才不致与社会脱离而收事半功倍之效果。

2. 是科学的，不是封建的。对于宇宙间各种现象和事物发展的规律与特性，要使儿童从小建立一个正确的观念，并培养儿童有实事求是的精神，反对一切迷信盲从，更反对独裁武断，要以马列主义和毛泽东思想的观点和方法，来建立新的内容和方法，使儿童从小就建立起最基本的唯物史观。

3. 是大众的，不是资产阶级的。在旧中国的社会里，幼稚园是资产阶级专有的，一切设施都是贵族式的。今天，在新中国的社会里，幼稚园是为工农大众的子弟服务的。因此，编制课程要是大众的，而不是资产阶级的那一套陈腐、奢侈、脱离广大劳动人民生活的一些材料。

4. 是儿童化的，不是成人化的。幼稚生年龄很小，对于课程的编制，要顾到儿童心理发展与能力，不要根据成人的经验，而编制一些生硬、枯燥、高深的材料让儿童茫茫然不知所以地得到一些糊涂、杂乱无章的知识。

5. 是发展的、连续的，而不是孤立的。编制课程时，对于事物的研讨要有系统，注意事物发展的规律，以及事物与事物之间的联系，不能将一件一件的事物孤立起来，使儿童对事物的发展得不到一个整个的概念。

6. 是配合目前形势和实际需要而不是脱离现实的。根据唯物的观点，对于目前形势的了解，和当地民情风俗以及自然物的学习，是教学中不可缺少的很重要的材料。比如目前，对于抗美援朝的教学，我们从幼稚园开始，就要引导儿童从实际生活中去体会，建立起憎恨敌人的情感。

7. 是适合儿童心身的发展，促进儿童的健康的。幼稚教育的目标，在培养健全的新中国的幼苗，编制课程当然要适合儿童心身的发展，以促进儿童的健康。比方一般幼稚园所应用很小的"珠子"，如果让两三岁的小朋友去穿，由于小肌肉没有充分地发展，还不可能做这件工作。再如读法一科，通常有这样的一个错误观念，认为笔画少的字，儿童容易认识。事实上儿童识字的难易和笔画的关系较少，而在乎这个字所代表的事物是否具体，如"狮子"二字恐怕比"七、八"两个字容易认识，当教师讲完"狮子"的故事，而让儿童认这两个字，恐怕儿童的印象很深刻，而"七、八"两个字，恐怕较难记忆。因此，编制课程时，必须要注意儿童心身的发展。

8. 培养"五爱"的国民公德和民主、团结、勇敢、守纪律的优良品质。资本主义国家的教育，是着重个人的发展，那是配合他们国家的个人自由主义的学说，而我们新民主主义国家的教育，却不是如此，要透过群众而发展个人，从群众中培养各种优良的品质。

编制课程时，就要以培养"五爱"的国民公德、民主、团结、勇敢、守纪律为目的，不是无的放矢。

9. 陶冶儿童的性情，培养儿童的情感。个人的性情和情感，是要从小陶冶培养的。在幼稚园里，就要以音乐、图画、文学来陶冶儿童的性情；并从实际生活中培养情感，如对朋友的爱护，对广大劳动人民的热爱，这些都是编制课程时应该注意的。

10. 要养成儿童说话的技能。如日常生活中偶发事件的报告、家庭生活的报道、讲故事、唱儿歌等，都是养成儿童说话技能的机会。在幼稚园里要多多给予儿童以机会，并帮助儿童组织自己的思想，使儿童能够用清晰的语言正确地表达自己的情感和思想。

以上是编制课程的十大原则。下面，我还要提出我所倡导的活教育五指活动来讨论讨论。

1. 五指活动的意义。

（1）五指活动的五指，是生长在儿童的手掌上的，换句话说，就是一切的活动要在儿童的生活上、智力上、身体上互相联系、连续地发展。如果把这只手掌当成成人的，那么儿童心身的发展就不能依据正常的途径前进，而每次活动也因此变成枯燥乏味，脱离儿童实际生活。这里我们应该说明的是，所谓五指活动的五指是生长在儿童的手掌上，是指要注意儿童心理和生理的发展，但是不离社会实际，领导儿童做合理的活动，予以适当的教养。

（2）五指活动的五指，是活的，可以伸缩，互相联系。通常在中小学里，课程是分割的，各课各自独立，不相联系，而幼稚园里面却不然，课程是整个的、连贯的。依据儿童心身的发展，五指活动在儿童生活中结成一个教育的网，有组织、有系统、合理地编织在儿童的生活上。

2. 五指活动的五个方面。

（1）儿童健康：包括饮食、睡眠、早操、游戏、户外活动、散步等。

（2）儿童社会：包括朝夕会、周会、纪念日集会、每天的谈话（单元研讨）以及政治常识等。

（3）儿童科学：包括植物之培植、动物之饲养、自然现象的研讨、当地自然环境的认识等。

（4）儿童艺术：包括音乐（唱歌、节奏、欣赏）、图画、手工等。

（5）儿童语文：包括故事、儿歌、谜语、读法等。

幼稚园的课程全部包括在五指活动中，并采用单元制，各项活动都围绕着单元进行教学。

二、编制课程的方法

关于幼稚园课程的编制，我提出三种方法来讨论一下。

1. 圆周法。所谓圆周法，就是各班预定的单元相同，研究的事物也相同，不过取材内容随着儿童年龄的不同而分别予以适当的教材和分量。比如本周单元教学是"抗美援朝"，对于这个活动的内容，随着各班儿童的年龄和能力而分别选用教材，大班可能进行更广泛的研讨，而小班可能理解得较浅显。依照这个方法编制课程，最大的流弊是各个不同年龄的班次所采用的教材有时大同小异，甚至完全一样，这样一来年龄大的儿童所得到的知识就较少；有的儿童智力高，却会厌烦幼稚园的各项活动。因此，教师采用此法编制儿童的生活需要顾到儿童心身的发展而分别予以不同的活动和材料。

2. 直进法。所谓直进法就是将儿童生活中可能接触到的事物，依照事物的性质和内容的深浅而分布在各个不同年龄的班级里，各小班研究猫和狗，中班研究羊和牛，大班研究马和虎。依照此法编制课程也有流弊，比如某幼稚园新近买了一只羊，依照课程编制，只有中班进行研究而不给小班和大班儿童观察学习，这对小班和大班儿童也未免有点可惜。再如"抗美援朝"这一个活动当然是年龄较大的儿童比较能够理解，不过，对中班和小班儿童不讨论这件事，也是不对的。虽然他们年龄小，但是也应该培养他们仇恨美帝的情感，这是毫无疑义的。因此完全根据这个方法编制课程也并不尽善尽美。

3. 混合法。所谓混合法就是在编制课程的时候，以上二法均需采用。首先我们可以就 3—6 岁的儿童在生活中可以接触到的事物，将它列举出来。有的活动可以相同的，不过内容的深浅要注意，有的事物，可以依照儿童年龄的不同而予以增减，比如研究猫，小班儿童仅仅观察其形态和生活情形，而大班就可以研究研究猫的瞳孔和脚踝。再如拖拉机、起重机的研究，就可以在大班进行。

三、幼稚生生活历

《幼稚生生活历》这张表是根据儿童日常生活可能接触到的事物，以及自然界现象而列举出来，并以完成"五爱"教育为依归，而其中所列诸种活动，是偏于江南一带的，详见表1。

这张表可以做预定中心活动单元之助，不可以完全照表一件一件来做的，因为各地情形各个幼稚园的设施都不完全相同。

表1　幼稚生生活历

月份	活动								
	政治	节期	气候	动物	植物	工业	农事	儿童玩具	儿童卫生
一	做慰问袋，慰劳援朝志愿军	元旦	西北风、冰雪	金鱼、鸽子	芽、腊梅	邮政	葱、韭菜、胡萝卜等	新年锣鼓	伤风

月份	活动								
	政治	节期	气候	动物	植物	工业	农事	儿童玩具	儿童卫生
二	爱护公共财物	旧历新年	冰雪融化、东风	猫、狗、鼠	水仙、葱、大蒜	轮船、帆船	菜、麦地、除草	迎灯、放爆竹	曝日害
三	爱护花草树木	中山先生逝世纪念、百花节	植树节	燕子、鸡、蜜蜂、鸭	梅花、兰、嫩叶	电车、汽车	孵小鸡	放鹞子	喉症
四	—	清明节	春雨	蝴蝶、兔子	桃花、笋、桑、豆花	火车	种瓜	斗草	牛痘
五	爱劳动	劳动节、母亲节	换季	蝌蚪、青蛙	蔷薇、野生植物	飞机	收麦、打谷、养蚕	草地跳跃、翻筋斗	灭蝇、蚊、幼虫
六	国际友爱	儿童节、端午节	黄梅雨	蚯蚓、害虫	石榴、牡丹	做面粉	插秧、除草（耘）	寻贝壳	洗澡
七	中国共产党	"七一"、"七七"抗战	雷雨、虹、大热	蛇、蜘蛛	荷花、牵牛花	做糖	收瓜	寻藏（寻瓜游戏）	受暑
八	人民解放军	"八一"建军节	流星、雾、凉风	蚂蚁	茑萝松、凤仙、鸡冠	做纸	种荞麦、收稻	车子	受凉、疟疾
九	—	中秋节	明月、大潮、秋风	驴、牛、马	菱、桂花	纺织	收山芋、玉蜀黍、棉花	滚铁环、旅行	痢疾

月份	活动								
	政治	节期	气候	动物	植物	工业	农事	儿童玩具	儿童卫生
十	可爱的祖国	国庆、重阳节	云	蟹、虾、鱼	菊花	电话	种豆麦、拔萝卜等	踢毽	眼疾
十一	捐募棉衣救济灾民	中山先生诞辰、毛主席诞辰	霜、露	皮虫、老鹰、乌鸦	红叶、野草	拖拉机	耕田、收白菜、做各种腌腊货	跳绳	感冒
十二	抗美援朝	大除夕	冬至、西北风	羊、麻雀、松鼠	月季、干草、松柏	做豆腐	修理农具、修茅屋	踢球、拍排	龟裂、冻疮

四、幼稚生一天的生活

幼稚生在园的时间，通常是早上9时到园，11时半回家，下午1时到园，4时回家。甚至有许多地方还行半日制，其实幼稚生每天在园时间多少，应何时到园何时回家，要看当地情形。例如，城市中可以迟到早回，乡村里就得迟回早到，而一般工厂及机关所办的幼稚园则完全依照父母办公时间而决定。

下面，是中国中部某幼稚园春天的活动时间表，详见表2。

表 2　某幼稚园儿童活动时间表

时间	活动项目	内容
？—9：00	健康活动　科学活动	饲养动物　培植花卉菜蔬 自由游玩　阅看图书
9：00—9：15	社会活动　健康活动	早会　升旗　早操
9：15—9：45	社会活动　科学活动	谈话　报告　单元之研讨
9：45—10：15	艺术活动	图画　剪贴　泥工　木工 积木　农事及其他
10：15—10：45	健康活动	户外自由活动
10：45—11：00	健康活动　语文活动	静息　餐点　儿歌　谜语
11：00—11：30	艺术活动	唱歌　节奏　玩乐器
11：30	放午学	
？—2：00	健康活动	午睡
2：00—2：50	健康活动	户外自由活动
2：50—3：05	语文活动	故事
3：05—3：25	健康活动	游戏
3：25—3：45	语文活动	戏谈法　日记
3：45—4：00	社会活动	开会　降旗

说明：

1. 城市里的幼稚园，大都是早上 9 点钟开始做有组织的作业。儿童在 9 时以前从家里陆续来园，教师需在园门口迎接，并进行整洁检查，如设备许可并需测体温，然后指导儿童分别饲养园内小动物，或浇花草、蔬菜，做游戏，并要注意鼓励儿童的积极性，做完昨天未做完的工作。

2. 早会为一天集体生活的开始，应该很有秩序地进行，升旗时，应训练儿童有尊敬国旗的态度，以培养儿童爱祖国的观念。

3. 早操可以集体也可以分班举行，视儿童年龄和能力的不同而定。

4. 上午 9 点 15 分到 10 点 15 分为进行单元教学时间，教师可领导儿童对某事物进行观察、研讨，并可将观察研讨所得从工作中发表出来。

5. 除进膳及午睡时间必须严格遵章外，其他各项活动时间可依儿童的兴趣而予以伸缩。

6. 如有空旷之场地必须让儿童多在户外活动，最好每天有两小时的户外生活。

介绍两种新教材：设计球和设计图 *

"工欲善其事，必先利其器"这句话，实在是千真万确的；我们做教师的，若没有相当的教材，断不能教出什么成绩来的。对于教材一层，我素来很喜欢研究，现在且介绍两种：一种叫作"设计球"，是前东大附小低年级主任江景双老师发明的；一种叫作"设计图"，是我想出来的。

（1）设计球是用许多大约直径一寸二分①的木球，分做三组：第一组上面写着"狗，猫，树，花，桌，椅，羊，草"名字；第二组上面写着"叫，笑，走，飞，吃"不及物动字；第三组写着"看，读，写，打，切，追"，及物动字。使用的时候，譬如有两组学生，一组拿名字的球，另一组就拿动字的球，各人拿到的名字和动字联合起来，就成一句有趣的话，如"狗叫""猫飞"。如果用到及物动字，就把学生分作三组来玩，两组拿名字的球，另一组拿动字的球；三组各个人拿球上的字

---

* 原载《儿童教育》第 1 卷第 3 期（1928 年 5 月）。原题为《介绍两种新教材：设计图和设计球》。标题为本书编者所加。
① 一寸二分即 4 厘米。——编者注

联合起来，就成为有受事格的简单语句，如"猫追老虎""羊吃草"。有时候可以教学生把拿到的字在黑板上写起来，借此练习书法、缀法，此种学习，纯属游戏性质，儿童最喜欢做的。

（2）设计图的性质同设计球相仿，不过所包含的动作比较多些。设计球至少要两个人同玩，设计图一个人也玩得起来。设计球单是一种符号的连续，设计图是各种图形的联合和配置，符号一方面的联络，也包括在内；就是用各种鸟兽昆虫等图形，刻成一方一方的木戳。用的时候，就教儿童任意把一块或二块以上木戳，上了印色，印在纸上，表明他的意思。譬如纸上印一只老虎，老虎后面印一只猫。这张图就可以说是"猫追老虎"或"猫跟老虎"……可以教学生在图画纸的旁边画出山水、树木等，作为布景；又可以教他们在纸上添画小的图形，分出地位的远近和物体大小来，画好了可以用蜡笔颜料着起色彩来，再后可以叫他们用文字注明画上的意思，好像题跋的样子。所以设计图里，除了命意的思想之外，至少可以说包括着印刷、画图、着色、书法、缀法几种动作，同时图形既多，变化无穷，儿童的联念，也跟着变化无穷，自然最能引兴趣，使他们百做不厌，多种必需的技能，就可以借此熟练了。

上面说的两种教材，幼稚园小学校都应该各置备一副。设计球大概每组要 100 个，共计 300 个，每个以 3 分计算，共需大洋 9 元。设计图木戳，每套约需 50 个，每个刻工以小洋壹角计算，全副需大洋 4 元多。两种教材合计，不过费十三四元，儿童可以百玩不厌，知识技能方面，可以得许多益处。这又何乐而不为呢。不过用这两种教材去教授，我们有几点还是要注意到的。

（1）教师可以指导儿童怎样用法引起他们的动机命意动作应当由儿

童完全自动。

（2）遇必要时，教师应当参加在内一同来玩，同时给他们相当的指导。

（3）无论印写画的作品，要给大家欣赏，大家评批。

（4）作品能引起兴趣，一方面不合逻辑——如上面"猫飞""猫追老虎"的时候，教师在最后应当发问这样对不对。如果大家知道不对，那就不谈；如果不大清楚，教师就应该解说明白，免去儿童不合逻辑的观念。

（5）各种图形（如图1）和说明附后。

图1　设计图

说明：

上列各种图形量其面积之大小，分刻高约一寸之木戳多块戳，背面注明各种图形之名称，以备儿童查取，并可练习识字形，不限于上列几种。如能多画、多刻尤妙。

陈氏竹圈

——活教材第一种 *

从 6 个月大的婴儿起到 60 岁大的老年人止，都喜欢玩。

一、几句篇头语

"木屑竹头，都是有用的东西"，这一年来，我就应用这个意思做了不少的玩具教具。

前几天我在工场里，看见一枝毛竹，心里就想道："竹圈不是也可以当积木玩吗?"就叫竹匠把它锯成圆圈，过了一息，竹匠就拿了 20 来个放在我的办公室里。

第二天下午就把竹圈拿来玩。当初我想把竹圈当作积木玩，就把竹圈像积木似的堆堆看，堆了几个，还没有堆成什么东西。心里想到，竹圈的形状，不适宜于"立体"，还是平面来得好。我就在地板上摆起来，

* 原载《活教育》第 7、8 期（1941 年 10 月）。

一摆就摆成了好几个样子，看起来也很美丽。仔细一想，竹圈虽然可以摆成图案，但小朋友喜欢活的东西，摆"动物"比摆图案还要有兴趣呢！

我又想到，蝴蝶、蜻蜓最容易摆的了。我就摆摆看，一摆两摆，摆成了一只似蝴蝶非蝴蝶似蜻蜓非蜻蜓的东西。这是什么缘故呢？竹圈太少了，摆满不够，就再叫竹匠锯了200个。这样一来，各种"动物""图案""人"都可以摆出来了（如图1）。一个小小的玩意儿居然成功了，一种活教材又发现了。竹子是东方的特产，我们应当充分地利用它，推崇它，使它成为小朋友的游戏伴侣。

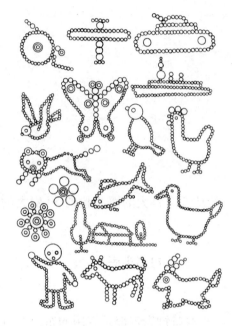

图1　竹圈摆图Ⅰ

二、怎样应用

竹圈6个月大的婴儿就可以玩，就喜欢玩的。6个月大的小孩子，就喜欢拿东西，拿了东西就喜欢敲敲。竹圈的大小轻重正合他的意思。你只要把竹圈刨得光一点，那他就可以玩弄了。

2岁大的小孩子尤喜欢玩弄竹圈子。有一天，两个2岁左右的男女小朋友，到我的办公室里来，看到满地的竹圈就非常快乐。他们不问皂白就各自玩弄，把竹圈一个一个地堆起来，堆得像一个宝塔的样子。他们玩了 10 余分钟，还是不肯回家。

四五岁的幼稚生对于竹圈更加喜欢玩了。玩的花样当然也多了。

这样堆堆，那样摆摆，什么"飞机"，什么"人"，也可以摆得出来了。

小学生当然更加喜欢了。

一经指导，他们就能玩而不厌了。成人老人也都喜欢玩弄竹圈！我虽不老，一有空闲就随意摆摆，开开心，解解闷呢！（如图 2）

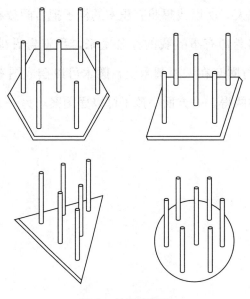

图 2   竹圈摆图Ⅱ

三、多少种类

小孩子喜欢彩色的。我想最好把竹圈染成 6 种颜色：红、黄、蓝、橘、紫、绿，竹圈的大小也应不一律。假使我们有大、中、小三种，大号、小号与中号各占一半。假使我们有 200 个竹圈，100 个是中号的，50 个大号的，50 个小号的。这种分配是与竹子的粗细相合的。竹子的头梢总是不长，竹子的中部当然要长些。

四、怎样保存

在幼稚园里，各种玩具教材都有一定的地方放的，竹圈是一个一个的圆圈，容易散失。所以我想照装积木的样子把竹圈放在一特制的木箱里。那时候，雷老师有事到我的办公室来，我就告诉他这个保存的方法。他说："把竹圈套在一根圆木上，圆木可以摆成图案。"我说："好极了，这样一举两得，一方面小孩子可以摆图案，另一方面竹圈有地方放了。"

为儿童造良好的环境 *

　　小孩子生来大概都是好的，但是到了后来，或者是好，或者是坏，都是因为环境的关系。环境好，小孩子就容易变好，环境坏，小孩子就容易变坏。一个小孩子生在诡诈欺骗的环境里，到大来也是诡诈欺骗社会的一分子。他所看见的，所听见的，都是坏的印象，断断不能够发出很好的印象来。倘使他在一种很好的环境里生长，他所听见的，所看见的，都是很好的印象，那他所做的，大概也是很好的。

　　某次我从普陀乘船，船上的环境，非常恶劣，什么赌博，鸦片，几乎到处皆然。服侍我的一个十六岁的茶房，看起来是很聪明，也居然吃起香烟来。我就劝诫他说："你这小小年纪，香烟是有毒的，不可吃的!"过了一息，我看见他又居然大叉起麻雀。这小孩子曾经读过四年书，看起来玲珑可爱，但是生在这种环境之下，也就同化了! 我们不能说他坏，我们不得不归罪于环境。你说要小孩子不受环境的影响而同化的，世界上有几个? 有几个能超出环境之上的? 环境实在是一个很可怕

* 原载《东方杂志》第 32 卷第 19 号（1935 年 10 月 1 日）。

很危险的东西。这样说来，环境不但对于本人产生影响，我们的小孩子也受更大的影响。我们诚不可不为小孩子创造优良的环境啊。

小孩子生来一点没有什么观念的，但是他有几种基本的能力：一、接受外界的刺激；二、这种刺激在脑筋中肌肉里或者可以保留着；三、他受到哪种刺激，到相当时期，有相当的反应。

这三种基本的能力，是他一生做人的基础。刺激就是从环境来的；好的刺激，就得到好的印象，坏的刺激，就得到坏的印象。他听见家庭里常常骂人的声音，到后来就不知不觉地也会骂人；他虽然不晓得骂人是好是坏，他看见成人是这样做，就这样做。他看见成人随地吐痰，他也不知不觉地随地吐痰；他不晓得随地吐痰是好是坏，他看见成人这样做，就这样做。

反过来说，如若他所居的环境是很优美的，所听见的音乐是很好的，他就不知不觉地很高兴地唱起来。总说一句，怎样的环境，就得到怎样的刺激！怎样的印象！他常常发生与印象有关系的动作！所以从前孟母要三迁其居，是深明了孩子到了哪种环境，他就会做出哪种动作来的。

我们要问小孩子在同一环境之内，为什么缘故两个小孩子，就有不同样的动作，长成不同样的人格？这是因为他们本来的三种基本能力不同的关系；不过他们所不同样的，是相对的不同，不是绝对的不同，是数量的不同，不是质量的不同，也不是说一个同样的环境，能养成一好一坏的。

环境究竟有什么意思？

普通环境两字，是指点儿童所接触的那些静的呆板的物质。其实凡是可以给小孩子刺激的，都是他的环境，人也是他的环境，而且人的环境，比较物质的环境还要密切，还要重要。这是什么缘故呢？

因为人的动作，可以直接影响小孩子的动作，他看了就可以模仿。一张死的桌子，一把死的扇子，虽然可以给小孩子一种刺激，但是有时候桌子扇子，竟会不发生什么效力的。

为小孩子应该造怎样的良好环境？

甲　游戏的环境

从心理方面说，小孩子是好动的，好模仿的。两三个月大的婴儿，就能在床上不停的敲手踢脚，独自玩弄，到了五六个月时候，看见东西就要来抓，抓住了，就要放进嘴里去。到了再大一点，他就要这里推推，那里拉拉，不停地运动了。一等到会爬会走，那他的动作更加复杂了，忽而立，忽而坐，忽而这样，忽而那样，忽而爬到那里，忽而走到这里。假使我们成人像他那样动了两个钟头，那一定疲乏不堪了。到了三四岁的时候，他的游戏动作比以前还要繁多，而他的游戏方法，也与从前不同了；从前他只能把椅子推来推去，现在他要把椅子抬来抬去当花轿了；从前他只能把棒头敲敲，作声以取乐，现在他要背着棒当枪放了。到了七八岁的时候，他的身体比从前更加强健得多了，精神也非常充足了，智识也渐渐丰富了，因此他的游戏动作，也就与以前不同了。此时他喜欢玩各种竞争游戏，什么放风筝、踢毽子、斗蟋蟀、拍皮球、打棒头、捉迷藏等等，他都能够玩了。

游戏中隐含着许多快乐、经验、学识、思想、健康，所以做父母的不得不注意小孩子的游戏环境，给他有很好的设备，使小孩子得着充分的运动，更给他有适宜的伴侣，使小孩子得着优美的影响。有此二者，小孩子的身体，就容易强健，心境就常常快乐，知识就容易增进，思想就容易启发。

以打球来讲，美国八九岁儿童，就能打棒球打得很好，这是因为他们平常所看见所接触所玩的，都是很多打棒球的环境。不过相当的环境，须包含相当的设备。

前几天我到南京去，在火车上，看见一个母亲带了两个小孩子：一个大的，大约四岁；一个小的，大约二岁。小的抱在手里，大的坐在椅子上，母亲叫大的坐好不准动。大的小孩子坐了一息，就吵起来，他要弟弟的摇铃。他母亲不给他，他就哭了！母亲叫他不要哭，对他说："你做哥哥，年纪大了，还要哭吗？不许哭！不许哭！"但是他还是哭，还是吵。后来母亲打了他几下，他哭得更加厉害！那时候我就想到这样小孩子，哪里可以像成人一样地坐得牢。他应当有东西玩玩，图画看看，有事情可做，不致长途厌倦。果然他哭了一息，那个母亲另外买了一个摇铃给他，他一拿到之后，揩揩眼泪，就笑嘻嘻地玩了。

这种情形，在家里是普通的很。我们中国的家庭，以为游戏是顽皮的，是最坏的，小孩子应当一举一动，都要像成人一样，使小孩子变成暮气沉沉的"老小人"。这种"老小人"，在未变"老小人"之前，他一定要吵，一定要闹；但经种种压迫，他的那种烂漫的天真，好动的心理，活泼的精神，都渐渐消灭于无形！这是何等可惜的一桩事！

小孩子在家里，一定要有相当玩的东西，相当做的事情。要晓得不动不做，小孩子不会发展的。譬如他不去玩水，哪里会知道水的性质？

不去玩冰，哪里会知道冰是冷的？不要因为水冰是有危险，就禁止他。外国的小孩子，在夏天常常到海滨去玩沙玩水，那种小孩子何等快乐，不致像我们中国的小孩子在家里吵闹。到了冬天，外国的小孩子，有的穿了冰鞋去滑冰，有的拿了雪车去溜雪。这种小孩子，身体一定很强壮，精神一定很快乐，他们在家中，不致发生什么重大的问题。中国小孩子则不然，一到冬天，就拿他紧关在家里，他偶然看见雪，看见冰，要想去玩，做父母的不是打他，就是骂他。冰雪是很好的环境，我们做父母的不晓得利用，反而把小孩子关在家里，哭哭闹闹！像这种吵闹，做父母的不说是他们的自己不好，而反说小孩子吵闹，这真是所谓因果颠倒，黑白混淆，实可痛心！

我们做父母的，有一种迷信，就是以为小孩子总是错的，父母总是对的。好像"皇帝是不会错的，错的都是百姓。皇帝是不会犯罪的，犯罪的都是百姓"。所以从父母的眼里看起来，小孩子既然是错，应当受相当的责罚；其实适得其反，错的总是父母，小孩子总是对的。就是现在他不对，实际上我们考他的原因，还是父母的不对。像上面所谓做父母的不准他们玩冰玩雪，这明明是父母的不好，哪里可以说小孩子顽皮呢？等到小孩子给你打哭了，还说他是会哭会吵，这岂不冤煞人吗？

乙　劳动的环境

小孩子都是好动的，在上面我已经说过了。平时做父母的总喜欢自己劳动而不愿小孩子去帮助他们。如小孩子的起居饮食种种的事情，做父母的常常要为小孩子们代劳。当小孩子年龄小能力薄弱的时候，当然要父母帮忙。不过在小孩子渐渐儿长大的时候，做父母的应当渐渐儿使小孩子自动，从旁帮他们独立。譬如穿衣服这件事来说，小孩子若不会扣纽子，做父母的尽可以帮他扣，但是他自己能够穿袜子，你就要让他自己穿，我们不要因为他穿得慢，穿得不好，就去帮他穿。他如吃饭扫地叠被甚至浇花洗衣烧饭，种种活动，在可能范围内，我们应当让小孩子有劳动的机会来发展他做事的能力。要知道做父母的主要工作，是培养儿童自己劳动的习惯，培养儿童自己独立的能力。

丙　科学的环境

根据小孩子好动的心理，我们又应当在家庭里给他一种科学的环境，以引起他研究科学的兴趣。当小孩子四五岁的时候，我们就可以给他小木片、小钉、小锤，教小孩子做各种极简单的玩具，如小椅子、小床、小飞机、小汽车等，使他有初步构造玩具的能力。我常见乡间的小孩子在野外三五成群地在那里玩弄烂泥，把烂泥做成糕饼请客人。西洋的小孩子到夏天常在海边玩沙。可见，不论中西小孩子，他们对于泥沙都是非常喜欢玩弄的。不过普通的泥沙太脏了，我们应当为小孩子购置相当的设备和洁净的泥沙黏土，使他们从玩弄泥沙黏土里可以得到一些初步制作模型的技能。

小孩子到了八九岁的时候，我们可以教他玩玩水枪，玩玩弓箭，还可以教他自己用竹筒或纸筒和线来做成极简单极简陋的电话，更可以拿磁石或磁针教他们做各种有趣味的把戏。再大一些的小孩子，就可以教他们怎样做电铃，怎样自己来做无线电收音机。小孩子最喜欢自己做成他自己心爱的事物。所以我们从小就给他关于科学上各种活动的机会和设备，使小孩子有适当的科学环境，以发展他关于科学上的技能和兴趣。

丁　艺术的环境

（一）音乐的环境

父母能够随时随地唱唱吹吹，小孩子也不知不觉受到影响，会唱起来。倘使有乐器的设备，如留声机器、风琴、钢琴，以及中国的乐器等，那也很好。总之，要小孩子有机会听到音乐一方面的环境。小孩子尤其要学得早，世界上的音乐家，可以说没有一个不是从小学起的，就是普通的小孩子，要学音乐，必须从小学起；大时学起来，是学不好的。我现在以个人的经验，做一个例子：

我有个大女儿，名叫秀霞，从小就有音乐的机会，到了七岁多的时候，我们要开始教她学琴。弹琴，耳朵是很要紧的。耳朵不能辨别琴音，将来学起来是很困难的，但是我们不晓得秀霞能不能够辨别。

钢琴上的声音有两种：一种是绝对的，一种是相对的。所谓绝对的，就是在音乐上那里一个音，一弹就听得出；相对地，是先听了 c 音，或 d 音，再弹别的音，这音就可以听得出来。相对的音容易听，绝对的很难。

有一天，我到一个音乐家家里去，他的小孩子只有六岁，就能听绝对的音了。我想音乐家的小孩子，大概从父母得到有相当的遗传，但是父母不能够辨别出寻常的字音来，就是说我们俩对于音乐是不行的，现在要问秀霞有没有遗传的能力，能否学习辨别声音。所以我回家以后，开始就问她 c、d、e 的声音，叫她眼睛闭了猜，玩了二十次的样子，每次十分钟左右，她就能把琴上 c、d、e 三个音，差不多都能辨别出来。过了两个月，不但能够辨别出音，同时你弹两个音，甚至七个音，她都能辨别出来。这种小小的试验，虽然不能说出重大的原理，但是可以说小孩子的耳朵，是要从小训练起来的。

倘使我们俩也是从小有听音的机会，或许也可以同秀霞一样听得出来。音乐是要从小学的，这种说素，中外是一辙的。

（二）图画的环境

小孩子从小就喜欢图画的，我们做父母的不晓得怎样去教他，反而常常把他画图的兴趣打消了，摧残了。有时候小孩子要画图，他就拿了毛笔或煤炭在墙壁上或桌椅上乱涂，做父母的看见了，就要骂他，打他。这样一来，小孩子就不敢尝试了。其实这种现象是给做父母的一个很好的机会，墙壁上是不应画的，桌椅上是不应画的，这是我们都承认的；但是他的图画兴趣，我们是不应该摧残的。我们可以给他几张纸，几支蜡笔或铅笔，好好地教他；他就可以发表他的意思，得着相当的快乐；将来他或许变成一个艺术家，也未可知。

（三）审美的环境

在家庭里面，墙壁上装饰的，桌上的摆式，都应该有种审美的意味；甚至房间里的各种用品衣服等等，都应当放得整齐，不应该随便乱摊乱挂。审美的观念，不到一岁的小孩子，已经有了；就是三四个月的小孩子，他看见红绿可爱的东西，也就现出快乐的样子。假使房间里的装饰品等，都是杂乱无章的，小孩子不知不觉地也会犯这种毛病。反过来说，家庭里有很审美的意义，小孩子不知不觉地也会养成一种审美的习惯。看了贫苦家庭的小孩子，同有好家庭教育的小孩子，就可以了然。

戊　阅读的环境

在外国地方，看书的环境，到处皆然。在火车上、电车上、轮船上，差不多个个人不是看书，就是阅报。有一次我经过东京，看见黄包车夫在没有生意的时候，也看报纸。拉我的车夫告诉我："现在上海，霍乱很厉害。"他说是从英文报上看来的。一个黄包车夫居然也爱看报，这种习惯多么好！这种习惯，影响着小孩子多么大！试问我们中国的家庭怎么样？我们中国的社会怎么样？不读过书的，固然可以不说，但是读过书的，又怎么样呢？看看我国受过教育的女子，她们在家里恐怕还不及日本的车夫欢喜看报，喜欢看书；就是受过教育的男子，出了学校之后，对于看书，也都没有大的兴味，好像书是属于学校的，于本身的职业，于本身的修养，于本身的娱乐，是没有多大的关系。实在要叹我们中国人的程度对于世界的大势，是非常浅陋，就是对于国内的事情，也不甚关心；什么各种科学上的发明，史地上的新发现，都置若罔闻。这种环境，怎样可以引起小孩子，喜欢看书阅报呢？

所以要小孩子喜欢阅读，我们的家庭，我们的社会，必定要先有阅读的环境。在家庭里，做父母的，自己一天之间，总要看看书，看看报；对于小孩子，我们也应当买给他各种相当的儿童读物。开始的时候，做父母的还应当好好地指导他，引起他的兴趣，使他欢喜阅读哩。

论幼稚园的环境布置[*]

对于环境的布置这一个问题，一般的学校和幼稚园，各有不同的看法。有的认为环境的布置非常重要，于是，什么表格呀，挂图呀，画片呀，挂满了整个的墙头，花花绿绿像是新开张的商店，真是琳琅满目，美不胜举；而有的却认为环境无须布置，因此室内一无所有，空空如也。这两种情况，各有偏差。现在，让我们来研讨一下环境的布置这个问题。

一、为什么要布置环境

教育上的环境，在教育的过程中，起着一定的作用，这是不可否认的。大家都知道，儿童爱模仿，所谓近墨者黑，近朱者赤。毫无疑义，儿童从四周的环境中可以得到教育，因此，我们需要布置环境以充实儿

---

* 原载《新儿童教育》第 6 卷第 11 期（1951 年）。本文是作者在幼稚教育研究会上的一次演讲，由喻品娟记录。原题为《论幼儿园的环境布置》，载陈鹤琴著：《陈鹤琴全集》第二卷，江苏教育出版社 2008 年版，第 475—478 页。标题为本书编者所加。

童的生活环境，丰富儿童的学习资料。兹就审美的环境和科学的环境两方面加以简单的说明。

（一）审美的环境

爱美是儿童的天性，透过这种天性，可以培养儿童的情感，陶冶儿童的性情。因此，幼稚园的环境，在室外应该尽可能地开辟草场、花园、菜圃，栽培美丽鲜艳的花卉和蔬菜、绿荫浓浓的树木；在室内也应该布置一些适当的富有教育意义的挂图、画片、漫画和故事画等等，让儿童在这个美丽的环境里舒畅心身，陶冶情感。

（二）科学的环境

爱自然也是儿童的天性，透过这种天性，可以培养儿童爱科学爱劳动。因此，幼稚园需要布置一个科学的环境，尽可能地领导儿童栽培植物（花卉、蔬菜），布置园庭，从事浇水、除草、收获种子等工作，并饲养动物。经常指导儿童对于环绕着他们的自然界的事物和现象，进行观察和研究，从园地的栽培管理、动物的饲养以至日月星辰的变化、鸟雀鸣虫的歌声，通过儿童的双手和感官，使儿童对自然界的事物得到正确的认识，使儿童懂得自然界与自然现象之间的关系。

以上所述，说明了我们为什么要布置环境。现在，我再来谈谈怎样布置环境。

二、怎样布置环境

（一）原则

1. 环境的布置要通过儿童的大脑和双手。根据毛主席《实践论》

所述，认识来源于实践。因此，儿童的思想和双手所布置的环境可使他对环境中的事物更加认识，也更加爱护。因此，做教师的应该学会如何领导儿童运用大脑和双手来布置环境。

2. 环境的布置要常常变化。有的教师，一个学期布置一次，不管自己所布置的东西是否已经失掉教育意义，是否已经失掉时间性，也不管它是否已经褪色，让它从开学一直挂到学期结束，甚至一年、二年……这是太不应该了。我们布置环境，要依据社会活动和自然现象，因此，需要常常变化。就是表格，如气候图、整洁表等，也要常常变化。这样，儿童才能得到教育。

3. 高度应以儿童的视线为标准。例如一框照片，一张挂图，打算给儿童看的，就应当挂得低些，使儿童看的时候，不致要高仰脑袋，十分吃力。讲到挂的格式，中国的挂法都是"对称"的。"对称"固然是美的一个因素，但不是唯一的。美是两方面的，划一是美，参差也是美。美中必须有变化，在变化中有统一，在统一中有变化，这才融会贯通，达到纯美的境界。

（二）在什么地方布置

1. 室外布置。根据上面所说，幼稚园需要布置一个审美的环境和科学的环境。那么室外就可以布置花坛、菜地、小动物园。如果有池塘，就可以养鱼、养鹅，一池碧水，浮着几只白鹅，四周飘着几棵垂柳，此情此景多么生动，多么优美。儿童在这个环境里面，一定会自动地去接触各种动植物，无形之中，他对于自然界的事物就得到了正确的认识。在这个基础上，培养儿童对自然的爱好和劳动的观点，并发挥儿童互助合作的精神。这是布置环境所给予儿童的教育。

2. 室内布置。室外布置可以领导儿童来做，室内布置也可以指导儿童来完成。例如要布置小白兔吃萝卜的图案，教师可以事先准备材料，让儿童来剪贴；如果要做娃娃的家，更可以请儿童用木板钉小床、小桌、小椅以及其他用具；就是表格也可以让儿童帮助教师一同挂上去。更可以利用这一活动，各班互助，大班帮助小班，年龄大的小朋友帮助年龄小的小朋友，从工作当中，培养儿童团结互助和友爱的精神。

另外，在室内还可以布置一个自然陈列栏、生物角，使儿童栽培植物，观察植物的变化：发芽、长叶、开花、结果；把鱼和蝌蚪等放在动物缸内，让儿童饲养它们，观察它们的生活状态。此外，在墙壁上，我们可以挂毛主席的像，使儿童认识我们伟大的领袖，并发出热烈的敬爱。另外，我们可以结合目前形势，配合社会活动，如抗美援朝、全世界儿童携起手来等大幅图画，以激发儿童对祖国、对人民的热爱。

（三）用什么东西布置

1. 自然物。自然现象，四时不同。如果依时令，利用每一时季中的特殊自然物来布置，可以使儿童认识各种不同的自然现象，这是很有意思的。不过我们用自然物来布置的时候，最好能设法把它改变原有的形状，这样可以更加别致，更加有趣。例如，我们用萝卜将有叶的一端切掉，中间挖一个孔，里面填进一些泥土，种豆子或葱。红的萝卜中间，长出碧绿的蕊芽，相映成趣，何等好看，还可以让小朋友观察植物如何发芽，研究植物生长时的"向上性"和"向光性"。这种布置既可以美化环境，又可以研究自然物，多么有意思。又如，柏树的叶子我们可以拿来布置图案，先用糨糊绘一只狮子，然后再以柏叶粘上去，就可以变成一只绿毛茸茸的狮子了。

到了秋天，有许多种树叶都变成了红色，极适于布置之用。使树叶保存它的色素，有一个方法，就是将蜡烛铺在叶上，上面放一张纸，用不十分热的熨斗隔纸来烫，叶上敷了一层薄蜡，叶中的水分就不易蒸发，也就不易改色了。如果拿红的、绿的、黄的树叶来布置故事的插图，那不是非常新颖有趣的吗？总而言之，我们应随时利用自然环境。一个幼稚园如果有很好的自然环境那更有办法，一年四季，喜欢用什么来布置就用什么，真所谓"取之不尽，用之不竭"。

2. 儿童成绩。室内布置应以儿童成绩为主，儿童画的画图，剪的剪贴，做的纸工、泥工、木工和其他手工，都应该陈列出来，这样可以鼓励儿童。不过，这里我要提出一点，就是陈列出来的作业，不一定是一班中最好的，应该将儿童成绩分别布置出来，使儿童可以得到自我比赛的机会。这是我们应该特别注意的一点，并经常鼓励儿童集体创作以培养合作的精神。

其次，就要谈到一班中最好的作品，我们也要妥为处置，有一个专门的地方来及时将它布置出来，以便鼓励儿童上进。

拿儿童成绩来布置，必须注意到时间，要不然，一月、二月，延长下去，失去了时间性，无论对于儿童或参观者都会失去了布置的意义和价值。

3. 有教育意义的图画、挂图和画片。用图画、挂图、画片等布置墙壁，要根据上面所说的，必须通过儿童的大脑和双手才有意义。关于内容方面，上面也谈过了，这里再强调一下，就是内容应根据培养儿童国民公德为主，不要只注意"美术"一方面。

　　总结以上所述，布置环境，应根据自然现象和社会情况，在各个幼稚园现有的条件下，领导儿童一同布置，使儿童从布置环境之中认识四周环境中的事物，了解事物与事物之间的关联，使儿童从改造环境之中创造环境，并培养儿童坚毅、积极、合作互助等优良品质。

儿童玩具与教育 *

玩，是小孩子整个的生活。两三个月大的小孩子，就要在床上不停地动手踢脚，独自地玩。到了五六个月的时候，看见东西就要来抓。再大一点，就要这里推推，那里拉拉。到了会爬会走的时候，便不停地爬来爬去，走来走去。到了三四岁的时候，玩的动作，更加繁多，方法也与前不同，从前只会拿木棒拖着敲敲，现在要把木棒背着当枪放了。到了八九岁的时候，喜欢和同伴玩拍皮球，打棒，踢毽子等竞争游戏。小孩子是以游玩为生命的，多给小孩子玩的机会，身体就容易强健，心境就常常快乐。

小孩子玩，很少空着手玩的，必须有许多玩的东西来帮助，才能玩得起来，才能满足玩的欲望。譬如一个小孩子玩骑马游戏，至少要有一条带子，或一根竹竿，才好跑来跑去地玩，才能玩得有趣。玩，固然重要，玩具更为重要。

玩具有好有坏，好的玩具，可以帮助小孩子身心的发展，坏的玩

* 原载《小学教师》第 1 卷第 2 期（1939 年 4 月）。

具，便要发生许多坏的影响和危险。什么是好的玩具呢？我可以举几个例子来说：

好的玩具，要能引起小孩子多种动作的。譬如皮球、毽子，都能引起小孩子多种动作，小孩子拿到皮球，有时用手拍拍，有时用脚踢踢。拍拍它，他会跳；踢踢它，他会滚。拍得重，它就跳得高；踢得重，它就滚得远。小孩子拿到毽子，踢的花样更多，有时一脚踢，有时两脚踢，有时跳着踢，像这种玩具便是好的玩具，可以给小孩子玩。

好的玩具，要能启发小孩子的思想的。譬如海军棋、陆军棋、象棋和拼图等玩具，能启发小孩子的思想。小孩子下棋，一定要细心地想：怎样走动，才可以达到目的地？怎样走动，才可以避免对方的攻击，处处要运用思想，才能克服对方。小孩子拼图，如彩色拼图、故事拼图、纸板拼图、七巧板等，玩弄时，也要运用思想，才可以拼得起来，如拼一个动物或一个人物，一定要选择适宜的木片，放在适当的地方，才可以拼得像。下棋和拼图，变化很多，因为多变化，容易启发小孩子的思想，所以也是好的玩具。

好的玩具，要能陶冶小孩子情绪的，譬如洋娃娃、乐器等玩具，都能陶冶小孩子的情绪。小孩子拿到洋娃娃，喜欢抱抱它，给它穿，给它睡，同它一起游玩，如果洋娃娃跌在地上，便连忙抱起来，疼疼它，深怕跌痛了洋娃娃的身体。小孩子都喜欢听音乐，玩乐器。如口琴、铜鼓、喇叭、铙钹等，因为乐声优美，玩惯了，便会发生优美的情绪来。所以这是好的玩具。

好的玩具，要能发展小孩子创造能力的，譬如各种大小积木，很能发展小孩子创造的能力。小孩子拿到积木，可以做桌子，做凳子，做洋娃娃的家庭，年岁大一些的孩子，可以用积木造桥、砌屋、筑城、筑炮台、筑壕沟，还可以用积木代替日用的物品，和许多小朋友开店做买卖。凡是小孩子要做的东西，都可以用积木做出来。所以积木是小孩子最好的玩具。

好的玩具，要能唤起儿童尚武精神的，譬如枪，炮，兵舰等玩具，小孩子拿到枪炮便会发生勇武观念，以军人自居。有时候，几个小孩子，在空地上或沙箱里，布置阵线，建筑炮台军港。有时候布置冲锋。像这类玩具，小孩子很喜欢玩，很能唤起小孩子的尚武精神，所以也是最好的玩具。

以上所说，是好的玩具所表现的功用，至于好的玩具的质料，也来说一说：

第一要国货。我们替小孩子买玩具，一定要买本国制造的。只要买的时候，留心看看玩具上的制造所和商标就行了。或者到国货公司去买，那里面都是国货玩具。

第二要坚固耐用。如木制的玩具、橡皮制的玩具、铜铁及松香、布等制的玩具，都很坚固耐用。那些纸制的蜡制的各种玩具，多不坚固，而且不耐用；花了钱买来，到了小孩手里，不多时就破碎了，这不是很浪费的吗？

第三要式样美观。如松香做的金鱼、鹅以及各种动物人物等，很能够引起小孩子的美感。我常看见许多丑陋凶恶的玩具，如鬼脸、长颈猫、叫花子打架等，小孩子见了都要怕的，有时候竟被这些凶恶的玩具吓得哭起来。所以一定要选择式样美观的玩具，买给孩子玩。

第四要大小合度。这大小是依小孩子年龄为根据的。如皮球，大小的种类很多，小的孩子很喜欢玩大一些的皮球：因为年龄小的孩子拿到皮球，要拍，要抛，要踢，大一些的皮球比较好玩。大的孩子对于小一些的皮球，也喜欢玩，因为有时候可以当作网球拍呢。所以各种玩具，有的适合一岁小孩子的，未必适合三岁小孩子玩；有的适合三岁小孩子玩的，未必适合在五岁小孩子玩。这是因为小孩子的动作能力的发展，各有不同，我们为小孩选择玩具时，也要注意这一点。

第五要没有危险性。小孩子的玩具，有许多有危险的，如刀、箭、玻璃球、泥人、泥狗、毛狗、绒猫等玩具，有的容易伤害自己，有的容易伤害别人，有的藏垢纳污，容易传染疾病，我们替小孩子购买玩具，要认清凡是泥、玻璃、五金中的洋铁等制成的，都有危险性；凡是毛、绒、泥、五金中的铅等制成的，都有碍卫生，切不可以买给小孩子玩。

玩具不一定要花钱去买才算是好，能够指导小孩子自己去做的，而且玩的时候多变化的，也是最好的玩具。譬如菱壳可以做风车玩，烂布可以做娃娃，烂壳可以做花卉，厚纸匣可以做七巧板，都不要花钱去买，玩时都很有趣。还有小孩子的环境中，一根木棒，一枝竹片，一块木板，也是玩具的材料。如能给小孩子简单的用具，如小锯子、小铁锤、钉头等，便能做出许多有趣的玩具来。我们对于小孩子有计划的活动，应从旁赞助他，使他做成功。这样，可以发展小孩子创造的能力，养成小孩子劳动的身手。

小孩子的玩具，不要让他随意乱放，要给他一个收藏的地方。玩时拿出来玩，玩过了，随时收藏好，有的孩子，因为他的玩具，没有收藏的地方，便放在抽屉里，或藏在墙洞里，有时放在枕头下，这样不是弄坏，就是不见了。有时放在别人的东西上面，有时把别人的东西移开，放自己的玩具，这样利己害人的行为，更不妥当。所以收藏玩具的地方一定要预备的。有了收藏的地方，可以养成小孩子整齐的习惯和尊重他人的权利。

小孩子玩的玩具，要时常调换，不要让他玩到不喜欢玩的时候，发生厌倦，把玩具弄坏或是掼在地上等不良的行为。要在玩到适当的时候，就替他收藏起来另换几种给他玩。最好每次玩的时候，只须给他两三件，不要一起给他玩，新买的玩具和旧的玩具要配搭起来，作有意思的调换，使他不觉厌倦，时时都玩着新鲜可爱的玩具，这样，可以养成小孩子爱惜物品的习惯。

遇到天气晴朗的日子，应该领着孩子到野外去玩玩。不要让孩子一天到晚在室内玩弄玩具。我们知道室内的空气，远不如野外的空气新鲜，常在室内活动，是不合健康原则的。并且室内一切的物品，都是静的，呆板的，野外的花、草、树、木、虫、鱼、鸟、兽多么活泼可爱！我们要指导孩子理解自然界的现象，养成他科学研究和试验的精神，一定要带领孩子到野外去玩，才可以获得。最好每天下午到室外游玩半小时，每星期或半个月到野外游玩半天，比较终日在室内玩弄玩具要好得多。同时还可以培养小孩子欣赏自然爱护自然的兴趣和道德，这也该注意到的。

玩具在幼儿教育中的重要地位*

今天我有机会来参加你们小组长会议，我感到特别兴奋。我对于玩具素来很感兴趣，我研究教育玩具已有 30 年了，所以也有一些看法。我要讲的有三个问题。

1. 今天苏联玩具教育的情况。

2. 玩具在中国幼儿教育中占怎么样的地位？

3. 今后玩具事业应走什么方向？

先讲第一个问题。1935 年我到苏联考察教育，顺便调查儿童玩具的情况，这是很早的事了。可是在两个月之前，苏联专家戈林娜到华东来，我特别问到她关于苏联的玩具事业。戈林娜说，苏联很重视玩具。在幼儿园中，因无教育课本，就用玩具作为主要教育用品。苏联在教育行政部门领导下，组织了一个玩具研究委员会。这个委员会是由六方面的专家组成的，有教育家、心理学家、美术家、卫生学家（包括医生）、

---

* 本文系作者 1953 年 8 月 15 日在上海市文教用品工业同业公会玩具组组长联席会议上的讲话，由叶炳祥记录。载陈鹤琴著：《陈鹤琴全集》第二卷，江苏教育出版社 2008 年版，第 483—484 页。

工程学家和优秀教师等。他们根据儿童年龄特点和社会需要来研究创制玩具。不仅如此，玩具式样、性质等等，经委员会研究审查之后，必须再经过儿童的实验，所以理论与实际是一致的，并能在实验中发现和发明很多新玩具。由于专家研究创制，儿童实地检验，委员会再审查修改，所以苏联各种教育玩具都能在儿童教育中起一定的作用。这也可以看出苏联对儿童教育玩具的重视。

我讲的第二点就是，玩具事业一定要配合我们今天国家的文化教育政策。我们的国家是从新民主主义到社会主义，还要搞共产主义。所以我们的玩具事业也应该照此方向向前发展。我们儿童教育的目的，是培养儿童做未来的社会主义建设者和保卫者。玩具要培养儿童爱国家、爱集体、爱劳动，诚实、勇敢等良好的品德，发展儿童的智力和体力，使他们长大后有健全的思想、有用的本领和健康的体魄。

要适合国家的文教政策和发展方向的要求，我们的儿童玩具就必须有好的思想内容，也就是要有思想性。如玩具娃娃，现在市上多是老一式，没有什么新式样。今天，我们为什么不可以创制出多种民族的娃娃的式样来，反映我们的民族大团结和体现我们党的伟大的民族政策呢？

其次，还有艺术性。我们的儿童教育是体、德、智、美全面发展的教育。全面发展是要从小培养的，因此，在玩具教育中的美育占着相当重要的地位。玩具必须有助于儿童养成审美观念。

再其次，玩具必须具有科学性。我们的教育要培养儿童正确的劳动态度和习惯，但是现在市上有不少实际上是宣扬靠运气、投机取巧的玩具，这不但缺乏科学性，而且向儿童头脑中灌输投机思想。还有很多玩具不注意儿童的健康。如旧式铁皮制的玩具以及小毛狗等，都是不坚固和不卫生的，应好好改进。

第三点，我们的玩具事业的发展，也一定要符合国家政策的基本精神。我曾几次去中央幼儿教育主管部门，谈起今后的玩具事业肯定要向社会主义社会的生产方式发展，玩具事业的管理，要做到合理化、科学化，要兼顾国家利益和集体利益。目前有的厂、社中，劳资问题很突出，我想只要大家都能以国家利益为前提，劳资问题就能逐渐得到解决。如果目前能力不够，可以联营，积累经验。

最后，教育玩具在幼儿教育中占着非常重要的地位，正如中小学的教科书一样不可缺少。上海是玩具工业的中心，今天在座的各位玩具工业界同志们，实在负有很重大的责任。全国儿童不论在城市、在乡村，都迫切期望着有思想性、艺术性和科学性的，合乎民族政策和文教政策的优良玩具。

儿童玩具组报告 *

一、应征机关

这次应征的机关共有 7 个。

（1）商务印书馆；（2）日本三重县二见寻常高等小学校；（3）中华教育改进社；（4）中华书局；（5）鼓楼幼稚园；（6）展览会儿童玩具组；（7）杭州中华教育工艺厂。

二、玩具分类标准

儿童的玩具大概可根据以下 5 种标准分类的：

1. 根据玩具的性质而分的，如人类、禽类、兽类、船类、洋囡囡类、机械类等。这种分类是很简单的，但是很机械而无多大意义的。这种标准是不宜采用的。

2. 根据玩具的材料而分的，如纸类、竹类、铁类、橡皮类等。这

---

* 原载《新教育》第 9 卷第 5 期（1924 年 12 月），有删节。

种方法比根据性质的还要来得机械而无意义，所以我们也不采用它。

3. 根据玩具的功用而分的，如听觉类、视觉类、触觉类、模仿类、思维类等。凡玩具能发展儿童之听觉的，如摇鼓、响铃以及各种玩具乐器等，都归入听觉类。凡玩具能发展儿童之思想的，如各种积木、棋子等，都归入思维类。

这种分类法，比以前两种好一点，然有时候，一种玩具有几种功用，而我们就不知道应把它归入哪一类好。

4. 根据儿童的年龄而分的，如3个月至6个月所玩的玩具，半岁至1岁所玩的玩具，1岁至2岁所玩的玩具，2岁至3岁所玩的玩具等等。这种分类标准，比较以前几种似乎难定一点。在未分类以先，我们必须把各种玩具详细研究一下试用一下，看什么玩具几岁小孩子喜欢玩而能玩的，看什么玩具几岁小孩子不喜欢玩而不能玩的。试验之后再去分类。

5. 根据玩具的优劣分的。玩具当然有好有坏的，我们就可以玩具的好坏作为分类的根据，但是我们要问什么玩具是算好的，什么玩具是算坏的，有什么标准辨别玩具的好坏呢？我们就定了几个标准以作这次分类玩具的根据。

（1）好的玩具。

①好的玩具是有变化而活动的，小孩子玩了不容易生厌的。

玩具有"活"的有"死"的。如画坊里所卖的"活动影片"名虽叫"活动"，其实是"死"的。儿童买了来，起初很高兴的，不过玩了几天就不要玩它了。因为它所变的花样总是那几套，一知道了，那就没有什么兴味了。又如"六面图"这种玩具，大概小孩子玩了几次就学会了，而六面图即不能变出别的花样来，小孩子对于这种图的兴趣也就消灭了。真真活的玩具不是这样的，小孩子玩了不会容易生厌的。例如皮球、积木、溜板、毽子、风筝等物。世界各国的小孩子大概都喜欢皮球的，这是因为皮球是"活"的，小孩子拍拍它，它会跳起来；小孩子踢踢它，它会蹦起来；小孩子拍得愈重，它跳得愈高；小孩子踢得愈重，它蹦得愈远。无怪小孩子都喜欢它的。至于积木呢，小孩子拿来可以造桥、砌屋、建塔、筑城、做床、制桌等，所以小孩子也喜欢玩它的。上边所举的几种玩具，不过作为例子罢了。但我们应当注意的就是要"活"的玩具不要"死"的玩具。所谓"活"的玩具就是变化很多的，小孩子玩了不容易生厌的；所谓"死"的玩具就是呆板的，不会变化的，小孩子一玩就要生厌的。

②好的玩具是可以引起爱情的，如小娃娃、猫、狗之类。

在世界上恐怕没有一国小孩子不玩小娃娃的。我们中国小孩子在洋娃娃未输入以前，或以枕头当娃娃，或以街上买来的泥人做囡囡玩弄。这种模仿游戏于小孩子确有很大的益处：第一，可以发展小孩子的爱情；第二，可以学习缝纫洗濯之事。小孩子有了一个洋娃娃，做母亲的可以教他做件衣服给小娃娃穿，并且可以教他洗洗衣服。但是现在街坊上卖的洋娃娃或者是不坚固，一玩就弄破，或者是太贵，非普通家庭所能购买的。有一种洋袜做的小娃娃，做母亲的自己可以做的。他只要用一双新的袜子，塞以木棉，在面上用线做耳目口鼻等东西就是了。不但小娃娃是用袜子可以做的，就是各种动物也可以这样做的。

③好的玩具是可以刺激想象力和发展创造的，如积木之类。

普通的玩具只能供人看看，不能玩弄的。我们所要的玩具是能够刺激想象力或创造力的。积木是一种很好的玩具，小孩子可以用它来做搭桥、砌屋、造庙、建寺等游戏。

④好的玩具是质料优美、构造坚固不易损坏的，如木类、橡皮类。

普通纸做的和泥做的玩具是不经用的。用木、橡皮、松香、竹等料做的比较得好一点，而做的不坚固仍是一玩就坏的。要知购买容易弄坏的玩具，是不经济的习惯，所以，做父母的购买玩具的时候，不单单须顾到玩具的质料美不美，而且须顾到构造坚固不坚固。

⑤好的玩具能洗濯而颜色不变，形状不丑陋，足以发舒美感的，如松香做的玩具。

街上卖的泥老虎、泥人、鬼面子等等，都是很丑陋、很危险的。泥老虎稍一受湿，小孩子就沾染了一手染色；一个不留心，颜色就要沾染食物上去。你看这是何等危险呢！

关于好的玩具，我们已经略得地说过了，现在把坏的玩具也简地说一说。

（2）坏的玩具。

①坏的玩具只能使小孩子旁观而不能玩弄的，如汽车、电车之类。这种玩具不能激发思想的，而且它们的动作也是很单调不能支持小孩子的兴趣的。

②坏的玩具是要发生危险的，如洋铁做的摇铃刀等。有尖角利边的玩具不应买给小孩子玩弄以免危险。

③坏的玩具是不合卫生的，如有毛的猫、狗之类。有毛的玩具只可以作微生虫寄托的地方而无可玩的价值，做父母的和做教师的千万不要把这种惟妙惟肖的玩具给小孩子玩，以重卫生。

④坏的玩具是嘈杂声音的，如泥做摇鼓琴。

⑤坏的玩具是质料薄弱、颜色丑陋而不能洗濯的，如纸人、泥狗之类。

总论

我们做父母的和做教师的不要以爱小孩子之心太切，而对于玩具之优劣毫不加考虑，凡小孩子看见欢喜的就买给他玩弄。要知道玩具是有好有坏的，好的玩具固能激发思想，启迪智识，健强身体，培养美感的，但坏的玩具是要发生危险而束缚思想的。所以，做父母的购买玩具的时候应当慎重一些才好。

三、玩具种类

我们根据以上"好坏的玩具"标准把这次所征到的玩具分做四大类：（1）优等玩具；（2）中等玩具；（3）中等玩具有改良之价值的；（4）下等玩具。

各类的玩具数目如下：

（1）属于优等的共有 53 种；（2）属于中等的共有 79 种；（3）属于中等而有改良之价值的共有 39 种；（4）属于下等而不能改良的共有 55 种。四类玩具共计 226 种。另有日本三重县二见小学校之玩具百余件，因到宁地时展览会已闭幕，未曾陈列，实抱歉之至。

幼稚园的故事 *

一、幼稚园里为什么要讲故事

没有讨论这个问题之先，读者自己问问以下几个问题：

1. 在我的记忆里有最深切的故事吗？

2. 我为什么记得这些故事呢？

3. 这些故事对于我的行为上、思想上有多少影响？

4. 批评这些故事的价值。

"小孩子喜欢听故事，所以幼稚园要讲故事。"这是常常听得到的答复，也可以说是包括最广的答复。把这句话细细地分析起来，对照教育的原理，故事的价值实在很大。现在把各家的学说归纳如下。

1. 使儿童愉快。教育上的兴趣问题，各家争论了好久，反对兴趣的很多，注意兴趣的也很多。但是"真的兴趣"可以增加儿童做事和学习的效率，那是谁都承认的。讲故事使儿童引起愉快，引起读书的要求，模仿故事中的人物，改善本身的行为……都是真的兴趣，也是儿童有愉快

* 本文系陈鹤琴和张宗麟合写，1928 年 5 月作为《幼稚教育丛刊》第二种出版，1932 年又收入陶行知、陈鹤琴、张宗麟合编，由儿童书局出版的《幼稚教育论文集》。

之后发生的效力。

2. 学习语言。"寻常谈话"是学习语言的大来源，但是有许多语言不是寻常谈话所碰得着的。故事里各种人物很多，各种动作也很多，形形色色，在当时儿童只觉得听了有兴趣，哪知道无意之中，就学习了许多语言。

3. 涵养性情。故事里形形色色的人物很多，喜怒哀乐的表情又很多，儿童听了以后无形中得到许多陶冶。有一个孩子，在幼稚园还肯做事，回到家里不肯动手帮助母亲。母亲来问幼稚教师，这位幼稚园教师请她回去讲一个故事《猴子做糕》给儿子听。过了几天，她又来了，要求多多供给些故事材料，因为她的第一次试验已经完全收效果了。

4. 增进知识，在幼稚园里要想如大学、中学那样静坐听讲教科书，那是做不到的。各种常识，无论自然界里的花草虫鸟，社会上的喜庆丧吊，以及国家大事，世界变动，学校家庭琐务，都是故事的好材料，也只有用故事可以使儿童乐于领略这许多知识。

5. 引起儿童想象，并组织这些想象。没有一个儿童没有想象的，只要有适当的刺激。因故事而引起想象，那是很多的。不过儿童的想象往往会想入非非，变成幻想。幻想于儿童不是很好的。倘若常听故事，儿童也常要想讲故事，可以把他的幻想组织起来，成为一个故事。久而久之，他的幻想成了活泼的思想了。

6. 陶冶嗜好。幼稚生时代唯一的嗜好是"吃"。许多父母只知道给他们吃，弄得儿童积食生病。我们要免去儿童不良的嗜好，同时尤其要培养好的嗜好。爱听故事是好的嗜好之一。故事中的"歌""舞""找东西""爱自然界"等人物的描写、动作的叙述，都可以间接或直接培养儿童嗜好的。

7. 增进友谊。在幼稚生时代，好群的能力还不十分大，但是对于小宝宝、教师、父母，都有热烈的爱情。从这点下手，我们可以增进他对于任何人发生友谊，对于任何物发生感情。尤其是教师因为讲了故事，可以格外地爱慕。儿童的爱是真的，获得儿童的爱，在教育上是无上的成功，因为儿童既然爱了，那么教学上的进行就很顺利了。

8. 抑制恶感。儿童很容易恨人的，很容易对一切事物发生恶感的。告诫是很少有效力的，赏罚也有时会穷。只有故事是无形中来感化的，故事中的勇敢侠义、爱怜仁慈，都可以使儿童反省，都可以消灭种种恶劣情感的。

9. 培养发表能力。儿童的情感，常常要发表出来的。在实际上一个人成功的大小，全靠他的发表能力。幼稚生的思想、情感……都可以在动作上发表出来。对猫也可以表情，对木头也可以发表思想，不必拘泥于写、说、跳舞、游戏、唱歌等动作。

10. 随机应变。幼稚生的急智，似乎是次要的。但是怎样应付当时的环境的能力，也应该培养的。故事中描写人物的应付环境，一言一行，都有相当必需的价值。又有很多故事，随机应变、触发急智的叙述，真会使儿童狂笑大叫。这时候就是儿童最能领略故事的当儿。

在儿童的效力上说来，故事已有 10 件贡献了。此外还有几点也值得一说。一个幼稚园里，有了一位或两位能说能讲故事的老师，真可以使儿童变成故事迷，可以使全园的空气愉快活泼。时而歌，时而笑，时而跳，是何等可爱的孩子群呀！这时候全园的生趣、教师的快乐、儿童的努力学习，真是达到极峰了。

二、怎样给幼稚生讲故事

故事的功效是大的，但是故事是不容易讲好的，给幼稚生讲故事尤其来得困难。关于这个问题可分"讲的人"和"讲的环境"两方面来研究。

第一，讲故事的人应注意的几点。

1. 要精神同化。故事不是物质，乃是情感，充满情感，方才能够表示故事的真意义，方才能够收到故事的真价值。同一故事，甲讲起来，能使听众个个动神，乙讲起来，能够使人睡觉。怎样能够充满情感呢？讲故事的人最要紧的要守两句诀语："不固执有我，处处要以儿童之心为心"，"我是故事中的人物"。例如物语、兽语、重复的句子等等，在成人看起来，往往以为不值一笑的，但是从儿童的眼光看起来是最有兴趣的。又如儿童的动作，不是像岸然君子的动作，乃是活泼的、好动的、微笑的、滑稽的儿童动作，教师当然也不应以教师自居。又如《木兰从军》，教师讲这个故事的时候，勇敢、侠义、愤激、庄严……要宛如木兰，宛如兵士，宛如北方生活。那时候就是没有教师了，只有木兰，只有兵士，只有单于，只有哭笑的老父母，只有快乐的小兄弟……如此方配讲故事，方配对幼稚生讲故事，方有收到故事效果的希望。

2. 要彻底了解。与故事神化，第一个要诀是彻底了解故事的内容。得到一个故事，先从头至尾看一遍；然后把最重要的人物、动作、句子、变化，重来温习一遍；然后再来看一遍，把全出故事的注重点与连贯的地方贯串起来；然后把原文放置一边，心领默会地来温一遍。经过这几步手续，这出故事是你的故事了。最后还要留意：切勿呆板地拘泥于原文，要随时随地变化。换句话说，这出故事好像出于你自己编的，从心坎里自然流露出来的。

3. 要有感到十分兴趣的态度。彻底了解，有时还有些机械，还难以神化。若要神化，非讲者加上极丰富的兴趣不可。我们知道兴趣是故事的原动力，没有兴趣，正如小和尚念经，只会催听众的睡眠，断乎引不起听众的兴趣。讲故事者，倘若感到很浓厚的兴趣，那么方才能全副精神做去，不会觉得吃力了，不会支吾间断了。

怎样能感到兴趣呢？即熟悉故事以后，在未讲以前，保持自己心地的快乐，把自己变作儿童，自己变作故事中人物，时而哭时而笑。有了这几条，兴趣也就可以得到十分之六七了。至于突然感到的兴趣，那是不能强求得来的，正如诗兴，来则不能阻，不来也求不到的。

4. 要有自然的姿势与动作。教师讲故事，正如说书人说书，技术上的训练很重要的。善于说书者，一出场来，炯炯的目光，似笑非笑的脸庞，对着听众如电光的一闪，不论几多听众，都能肃然静听。这是听众注意集中的表示。听众既然注意集中了，他就可以操纵自如。

在讲的时候，最重要的当然是言语（下节详论）。帮助言语的是姿势与动作。影戏中的人物，完全以姿势动作引人注意的。快乐的时候，眉飞色舞，举动轻快；悲伤的时候，垂头丧气，引人生怜。又如左手一拉，右手一扬，马来了；龙钟老态，老年人到了；等等，都是言语所做不到的。

此外，还有"装手势"的一件事，非常重要，在幼稚园里格外来得重要。我们说某件东西的大小，不必说明大到怎样，小到怎样；有尺寸的，有分量的，只要两手的张开和缩小，再加上面上的表情，就已经够了。还有许多动作，言语表示不出来的，用手势一做，就显出来了。也有许多举动，用言语表示起来，有好几句，倘若用手势来表示，也就很不费力地做出来了。

5. 要用适当的言语和音调。言语和音调是讲故事最重要的技术，所以要格外注意。

(1) 字句要文雅。故事是艺术，是学习语言的一道。我们在一方面固然要通俗，要使每个儿童都懂得，在另一方面我们要极力避去粗俗的字句。用民众艺术的语言来说书，是社会教育的秘诀，用儿童艺术来讲故事，也是儿童教育的秘诀。

(2) 注意句读和段落。读破句是文学上的大忌，讲故事虽然不必如此拘泥，但是不注意于此点，就会失却原意。例如《三只小猫》的故事，开场就说："有一只大黑猫。"这样虽然不是破句，但是已经失却原意了，因为这个故事是三只小猫，所以应该开场说："有一只大黑猫，有一天生了三只小猫，大的叫花猫，二的叫黄猫，三的叫白猫。"一连说到白猫，方才可以停顿。

(3) 字音清晰。口齿清晰，个个字都如珠落玉盘，这是引起兴趣的第一步。不然，圆舌头，齆鼻子，曲齿不关风，口吃，含糊的声音，讷讷不能吐的声音，在肚子里讲话的声音等等，都不是讲故事的天才。但是我们不必怕，因为口齿清晰是一件容易的事，除非生理上有重大的缺陷以外，都可以练习而得的。

(4) 抑扬变化。时钟的摆声，清晰无比，但是只能催眠。所以语言声音贵有抑扬变化。悲壮的声音，决乎不是快乐活泼的声音；在久久低微之后，忽然来了一扬，听者自然愉快注意；久扬一抑，用极轻微的声音，也有同样的效力，演说家很注意此道。

（5）快慢顿挫。把整个故事的快慢讲得匀整，是一条普通原则。但是应该有快慢不同的变化，有几处非快讲不可，有几处要慢。例如命令式的语气和病人的口吻，快慢当然不同。次之是顿挫，每段每句要有停顿，句句分明，段段分明，正如写文艺作品。快慢顿挫和抑扬变化，都是神化之技，非一时所能学得到。讲得多，听得多，久而久之，自然会流露出来的。

（6）形容毕肖。戏台上的小丑，一名"开口笑"，就因为他的话句句能使人笑。他的话都是模仿人家的，忽而做猫，忽而做狗，须生花旦，一身俱兼。讲故事的教师也要这样，猫、狗、鸡、羊等的叫声，件件要学会。在正文滔滔不休的时候，忽然加了一两声动物的声音，顿增生色不少。况且，因此可以增进儿童的联想，对于实物格外感到有兴趣。

（7）调息与发音之高低。初做教师的，第一次上台，大声疾叫，不到几分钟，声嘶力竭，不能再说话了。在功用上除非有数百听众，用得着大声以外，寻常上课，实在只要寻常声音就好。对幼稚生愈加不宜用大声，因为刺耳的声音，断乎不能引起兴趣的，娇嫩的小心灵，哪里禁得起重大的刺激呢？

与发声高低最有关系的是调息。唱戏、弄管乐器的人，对于调息都非常注意。气息调得不匀，声音就会断续，要想控制语言已经不易，还怎样使听众感到愉快呢？

6. 常常练习。拳不离手，曲不离口，熟能生巧，虽有天才，也要练习。得到了好的故事，不妨独自一个人或者对着镜子，想象中有许多儿童倾耳静听，照着自己的理想计划，一步一步地说下去。能够练习几次就练习几次。这是极重要的工作，比知道原理、学理还要来得要紧。

第二，讲故事的环境。

"环境"二字包含很广。教师、儿童以及一切外围之物都是环境。讲故事的环境，很有几点要注意的。

1. 随时随地随事都要留心，以引起儿童爱故事的动机。没有一个儿童不喜欢听故事的，只看教师怎样利用环境，引起动机。环境上可以利用之点很多很多，例如到郊外去，儿童捉到了一只蝴蝶，要求教师解释蝴蝶的各方面。解释是自然科，倘若依着自然科来解释未免太枯燥了。教师就用故事来说明。看到邻家生了三只小猪，就来讲三只小猪的故事。触景就讲，只要教师平日留心就是了。

儿童最喜欢报告家庭里所遇到的事情，这是一个很好的动机，教师很可以利用的。例如，某儿报告家里生了小猫完毕以后，大家正在那里出神，教师微微一笑，说："我曾经听到人家说过，有一只大黑猫生了三只小猫……"只要这样一提，儿童就会拉住你说下去的。这时候你倘若不往下说，他们竟会伤心到哭呢！

吃点心的前后是一个极好的机会，大家静坐了，教师对儿童微微一笑，手势一扬，儿童就受到充分的暗示。这时候就可以开场说故事了。

看图是儿童很喜欢的。最初呢，儿童莫名其妙地翻阅，渐渐儿童会要求教师解释，这也是一个好动机。因图说故事，随你心之所要说的，杂七杂八地凑起来以组编，儿童都是极爱听的。可以利用的机会真多，何必把讲故事当作一课，规定在某时某时呢？

2. 不要强迫儿童听。儿童不是全数喜欢听故事的，年龄太小的儿童，看图画、辨别语言还不能，断乎不可强迫他听的。会听故事的小朋友，也不是每出故事都喜欢听的。有时候恰恰因为身体不好，有时候恰恰这出故事不配他的胃口，强迫他坐在那里听，那么他必定不耐烦起来，或者竟会扰乱别人。久而久之，养成了厌恶故事的习惯，那么危害真不小了。

3. 人数不能过多。人数多了，教师的目光，面部的表情，都难以达到全体，儿童的注意力就不会始终如一。有许多故事用图画来帮助，人数的多寡愈加有关系。人数多了，看不遍看不全，更是听不清楚。

故事与儿童年龄大有关系，一群三四十个儿童，年龄相差实在可观。所以起初还好，不久就扰乱了，不扰乱的儿童或看天花板，或弄手指，不知教师在讲些什么。

每次每个教师可以管的儿童大约是十五人。儿童倘若愿意来加入，也不可阻止他们。不过有一点应该注意的，切不可让儿童中途退出。教师倘若觉察故事太长了，或机会不巧，儿童兴趣失散了，宁可中途停止不讲，下次再讲，不可养成儿童随便听听、随便走开的习惯。

4. 座位的排列。这是一件很小的事情，但是有时候竟会影响全体。最适当的座位是儿童坐成弧形，教师坐在近圆心点（如图1）。倘若人数很多，双行三行都不妨。这时候要留心儿童身体的高矮。

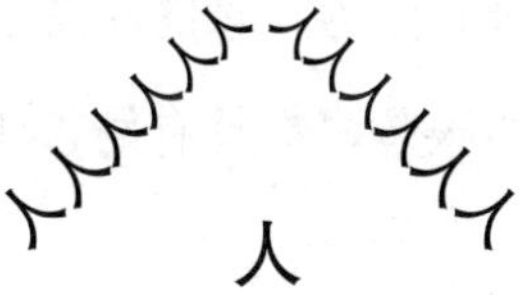

我们每次讲故事都要依着规定的形式坐

图1　座位的排列

吗？不，不！太拘于形式，就会减少兴趣。未开讲先排座位，座位排得不小心，就哭的哭，怨的怨，这是何等扫兴的事呀！所以我们只要求个大致不错就罢了。

5. 讲故事的用品。说到故事本身用不到什么用品。但是为着助兴起见，有时候也需要些用品。

图画是一件很好的用品，初听故事的儿童，大都是不能集中注意的。用了图画，使儿童因爱看图画，于是爱听故事。不过用图画大有研究的价值，我们应该用什么画？漫画呢，还是精致的画呢？一出故事用一张图呢，还是分段地用图画呢？教师是难以有余暇来画的。现成材料在中国是不多的。所以我们希望讲故事有图画，但是不希望"非有图画不讲故事"的教师。

次之是表演用的材料。这是很值得研究的问题。从前幼稚园莫不以舶来品为上。现在渐渐觉悟了。表演的材料，不必买外国的圣诞老人衣，也不必买黑人衣服。做兔子的用纸来做兔子头，折一个戴在手指上也好，戴在头上也好。幼稚生可以来动手的，教师也可以来动手的。教师倘若预料这个故事儿童会要求表演，不妨做一二件来引起他们好表演的动机。

6. 教师的服装。好的幼稚教师，决不穿着华丽夺目的衣服。讲故事的时候，尤其要注意衣服。讲故事之前，教师切不可突然换一件衣服，因为儿童的注意点会引到衣服上去的。闪光的衣服，大红大绿夺目的服装，都是有妨害于讲故事的。

三、幼稚生爱听什么故事

本节要讨论故事的组织、故事的种类和最适宜于幼稚生的故事是什么。

1. 故事的组织。我们承认好的故事是艺术作品，是有规则的艺术作品。这种作品并没有一定的组织的，但是把许多故事分析起来，可以得到一个比较可靠的公式如下：

开场白—正文—转机—结案

开场白往往都是简短的，例如西洋最通行的儿童故事中有 once upon a time（有一次），何等简单。但是也有长的，例如，要叙述战争的残酷悲惨，不妨在开场白中极力描写平安时代的安宁康乐。但是这种体裁，在儿童故事中不很多见。

正本是故事的正文。在成人故事，以叙述明晰、事实逼真为上；在儿童故事，有时候往往用重复的句子、相仿的动作来组成正文的。例如《猴子做糕》，正文中请狗做，请猫做，请鸡做，请老鼠做各种事情。

转机是快到结案的一个波折。例如《猴子做糕》的故事。

糕做成了，猫也要吃，狗也要吃，鸡也要吃……是故事的转机，经此一转，故事就可告结案了。

结案要简明，有许多故事只有一二句。例如《猴子做糕》，只有"我倒不情愿了"一句就是结案。结案最要紧不背转机的意思，切不可添加道德训语进去。如《伊沙寓言》[①] 故事，把故事的寓意很显然讲了出来，使听者扫兴。要知道故事尽管可以包含至理大道，但必须在讲时隐隐地披露出来，不必在故事讲了之后添一句教训话进去，使儿童觉得你是要教训他，不是讲故事的。

2. 故事的种类。故事的种类很多，但是我们常常讲给儿童听的故事不多。下面所列的几种，大都常常可以遇到的。不过下面的分类却是

---

① 《伊沙寓言》即《伊索寓言》。——编者注

没有绝对的界限的。

(1) 物语（nature tales，animal tales）。这类故事，讲得最多。外国儿童故事，物语占大多数的。这种故事，教师倘若看得多了，可以触景生感地来编。有时候，东边的材料移到西边，使听的儿童非常快乐。

(2) 有音韵的故事。这类故事并不多见，但是儿童非常喜欢听。因为故事完全是讲的，有时候会发生单调之感的。中途加入几句引嗓高歌或温言软语的唱，儿童不是勃然兴奋吗？我国成人曲很多，儿童曲绝无仅有。外国歌很多，近来翻的人也渐多，可惜都不很顾到儿童的口吻，这是一件美中不足的事。例如《老虎敲门》的故事，可算此类极好的故事了。

(3) 神话。鬼神仙怪，层出变化，使儿童听了还要穷究，穷究不得，又生出几多门道来。变而又变，不可捉摸，总是有趣。例如我国的《西游记》，就是一部最好的儿童神怪小说，可以说是世界上首屈一指的儿童故事书。

(4) 奇异的故事。神话是做不到而想得到、极为有趣的。这类是想不到而人类做得到的。例如，《镜花缘》的多九公奇谈，虽然神怪，但是究竟还是做得到的。又如《鲁滨逊漂流记》也有同样的性质。

(5) 英雄故事。6岁左右的孩子，已经渐渐能崇拜英雄了。我国江南的人崇拜岳飞和关公，几乎家喻户晓，孩子们听到这类也很喜欢，并且常常以关岳自比。这类材料很多很多，不过大都没有经过艺术化。很希望有人来重编，使它儿童化与艺术化。

(6) 历史故事。与英雄故事相仿，不过往往与人类有直接的关系，例如《人类的衣》《海滨人》《树居人》等等。这类故事是常识的教材。

不过幼稚生时代观念是极少的，所以讲这类故事的，与其是事实的叙述报告，不若用滑稽神怪的体裁来描写。

（7）笑话。要说得儿童哈哈大笑，那是一件极不容易的事。对于儿童说笑话，不能咬文嚼字，也不能用前后词句的破句体裁，是要直接对比的。一个大冬瓜，生在一块小田里，只有这么大的小田（说时用两手一装手势），一个小老鼠来了（又用手做小老鼠的样子），一吃二吃……这个故事大小相比，吃与大又一比，儿童就会笑了。

3. 幼稚生故事的特点。"幼稚生往往不愿意听故事的，怎么办呢？"我们一方面要研究讲的方法，一方面是要看看故事的内容。下面有几条标准，可以来绳度幼稚园的故事。

（1）富于动作的。静止物体和风景的描写，幼稚生是不能欣赏的，也不耐烦听的。儿童自己是好动的，他也喜欢动的东西，更喜欢有变化的动作。动作的主人翁是很重要的，有许多故事只有一个主人翁的，他经历的过去，就演成一出极好的故事。有许多故事，主人翁只有一个，动作也极单调，但是陪客极多，这个故事也就非常有趣了，例如老鼠要尾巴的故事。又有两个主人翁，动作不同，一好一坏，对比起来，凑成极有趣的动作。至于多个主人翁的故事，在儿童故事中不易多见。大都是多个主人翁而简单的动作。倘若多个主人翁而又有多个动作如十兄弟十姊妹，那就非常难编了。

（2）人物情节要在儿童经验范围以内的。听故事要儿童费心思去思索，那就减去不少兴趣。例如对儿童说天文地质，如何能使他领会呢？以愉快为前提的故事，决不可拘泥于知识之传授。

有人说故事是想象中来的，不应该只靠固有的经验。这句话也是似是而非的。我们的想象都是离不了经验的。利用最熟悉的经验，东拉几点，西拉几点，可以凑成极有趣的想象，也就是极好的故事材料。我们讲的故事，儿童听还听不懂，哪里会产生兴趣呢？

（3）富于本地风光。本地故事，儿童往往喜欢听。这也就因为本地故事中的情节大都是儿童所熟悉的缘故。例如，浙江徐文长先生的故事，苏州的吴谚，都是极好的故事材料。

（4）切勿带着很多的道德训义。寓言体的故事，在儿童队里是不受欢迎的。故事就是故事，儿童听故事就是为着听故事，不是为着受道德的训诫，失却故事的本意，如旧日学校上修身课的古圣昔贤的逸事，那是很不应该的。

以上是材料问题，以下略谈组织问题。

（5）全篇一贯。故事是艺术。艺术作品是有主要点的，有线索的，故事中可以东西随便讲，但是不能失去主要点与线索。杂凑的故事，当初儿童是很喜欢的，不久儿童就会问"老师，你讲的是什么"。

（6）突然变化。全篇一贯是主要点的一贯，同时这个主要点可以突然发生变化，使儿童惊奇。例如《猴子抢帽子》的故事，帽贩到无可奈何的时候，忽然掷帽于地，猴子都掷下帽来了。这一变使儿童个个称快。

（7）开门见山。"有一次"的故事最合幼稚生的胃口，他们听到故事，就愿意立刻知道内容，而不耐烦去深深地寻思的。所以有题前的描写、背景的叙述等故事，大都不容易引起幼稚生注意的。

（8）结果显然。幼稚生听故事，不愿意没有结果的，虽然不是一定要花好月圆的故事，但是故事中的主人翁或主要事情必须得一个结束。并且在结束之前最好有一个转机，这个转机可以很滑稽，也可以突然发生的。例如《拔萝卜》的故事里，小老鼠衔了一下小猫的尾巴，大萝卜就起来了。这个是很有趣的转机。到结束的时候，除大家吃一碗萝卜汤以外，听故事的人也吃了一碗萝卜汤。这样一来，结束得何等有趣，有时候竟会使全体儿童向讲者讨萝卜汤吃的。

（9）富于重复性的。这点是幼稚园故事最特别的一点。所谓重复，不但是语句的重复，就是动作、事物、情节、组织等等，在同一故事里，都可以重复起来的。并不是完全重复的，丝毫不差地重复。这种体裁，非但不能用于成人，就是稍长的儿童，也会掩耳不听的，但是幼稚生极欢迎这类故事。

以下再来略言词句。

（10）词句要简短明了。复杂的叙述，冗长的描写，幼稚生是不懂的。所以幼稚生故事，词句的文法要简单，句子要短巧，同时将意义要赤裸裸地表示出来，有时候也用几许暗示，但是这些暗示，也要容易猜得出来的，方才合理。不然，儿童不了解你的暗示，非但失去暗示帮助故事的作用，并且将故事本身都减色了。

（11）词句要合于原意。例如篇中有许多东西，黄雀、猫、老鼠、小孩子、老头儿……诸种人物，各人的言语、行动、性格……都要有特性的。用黄雀来代替老鼠，小孩子来代替老头儿，那是不对的。还有一层，各人在故事中所居的地位不同，有的是主人翁，有的不过是陪衬用的，有的有出奇制胜之功，在词句上都是要经过儿童化而仍有相当适宜的价值的。

（12）插入有音韵的词句。在故事的叙述里，插入有韵的词句，最足以引起儿童的兴趣。可惜这类故事我国不多，以后我们当注意努力于此点。

总之，儿童故事的词句，不要失却"儿童化"。猫也好，狗也好，老头儿也好，不过都要经过"儿童化"。

四、每个故事都可以表演吗？

读者必定看到过许多戏剧与学生表演的，请先想一想：普通戏剧与学生表演有什么分别？歌舞剧与普通戏剧有什么分别？很小的儿童能够表演吗？每见儿童戴着鬼脸，挂着长须，是什么意思？在没有讨论为什么要有表演以前，我们先下一句极肯定的断案："幼稚园可以有表演的。"

首先，我们来讨论为什么要有表演。

1. 从儿童方面来说，儿童从能行动开始就喜欢表演。儿童是好动的，也是好模仿的。他听了故事，狗呀，猫呀……在他以为就是自己，于是装起来了，脸也画黑了，脚也跷了，这就是所谓化装游戏。在他呢，是只有这样做是快乐的，没有其他的希望，也没有其他的要求。表演爸爸的，看到了好吃的糖果，还是要来争吃的。表演皇帝的，还是自己拿凳子的。所以"得快乐""好动"是儿童要表演的最大理由。

2. 社会方面的刺激。常见儿童看了戏回来，唱关公了，唱花面了。这是刺激儿童好动、好模仿的大来源。有时候爸爸抱孩子，妈妈喂弟弟，在常人看起来是一件极平常的事，孩子们把它当作一件奇异的事来看，于是也来做了。听了故事，加上教师的暗示，安得不极兴奋地来表演呢？

3. 在心理学上分析起来还有很多的理由。但是我们只要承认儿童的好表演，社会上刺激他们表演，讲故事的教师又暗示他们表演，那就处处可以表演，事事可以表演了。

其次，我们要讨论怎样使儿童能够倾全力来表演而得到相当的好处。

1. 引起动机。教师讲了一个故事，看看儿童们很有兴趣，就暗示儿童来表演。暗示的方法很多，在讲时只要提到某人很像某某的，这样一来，那几个儿童必定要求表演了。或者请儿童看别人家的表演一次，或者给他们看图画，也可以引起动机来的。

2. 预备材料。儿童既然要求表演了，那么来计算这个表演里要些什么，帽子、衣服、花……计算好了，那么开始来筹备，幼稚生能力虽然薄弱，也觉有几件做得来，就帮着他们来做。这时候的做，必定更加用力，做的成绩，也比普通一般来得好。

3. 分配人物。这是一件不容易的事，用命令式的分配，必引起儿童不愿意做或嫉妒的事情。到那个时候，这一场表演就不能开始。分派人物的方法很多，不外暗示与自己承认两法。例如，拣选故事里主要人物可以说："某某（故事里的人物）很像小朋友里的一位。"儿童就会猜出来的，这个人就不致发生问题地肯做了。这就是暗示法。指派其他诸人，可以说："某某（故事中的人物）哪个愿意做的？"必定有许多小朋友举手，那么就来指定一个。

4. 充分地练习。"表演容易练习难"，所以在练习的时候往往容易中断。幼稚生的表演，尤其不容易使他们维持。在练习的时候要注意下列几点。

（1）预告目标。例如，这次表演我们预备在哪个会里去登场的，或这个表演预备同什么组竞赛的。

（2）分段练习。可以表演的故事，大都比较来得长些。当初可以来几次整个的练习，以后就要分段了。

（3）分期练习。用同样的时间，倘若在一次，与分做几次是大有分别的。每天可以练习几次，但是必须相隔几多时，最好是分做上、下午练习。

（4）因材料而练习。倘若故事里需用材料很多，那么这些材料，切勿一次都买来或做就。许多东西分做许多次数做成。做成了一两件，就来练习一两次。今天有新东西来练习，明天又有新东西来练习，那就容易引起儿童练习表演的兴趣与努力了。

（5）总练习。练习分三个步骤。第一步是总练习，第二步是分段练习，第三步（最后一步）又需总练习。这是很重要的。有时候可以在分段练习的期内，忽然来一个全部练习，又继续分段练习，到最后再来几次总练习。

5. 正式表演的机会。给幼稚生在各种会里表演，足以引起他们好表演的兴趣来的。况且幼稚生不应该被人轻视的。所以遇到相当机会，必须给他们正式表演。

末了，我们要讨论每个故事都可以表演吗？

关于这个问题，又可以肯定地回答一句："不必每个故事都来表演，也不能每个故事都来表演。"幼稚园里表演故事至少要合于下列几个条件。

1. 故事的本身要动作多，说白少，甚至用哑口表演都可以。

2. 故事要简单明了，切勿有深奥的哲学意义与道德训诫。

3. 动作人物要变化出奇，不是呆板的。

4. 每个故事倘若预备表演了，就应该做一个设计的单元，至少要用这个来做各种活动的单元。一切做的、画的、读的……都以此为着眼点。

5. 每星期可以讲十几个故事，但是每星期至多练习一出正式的表演。

故事要怎样编的？*

儿童的故事应当怎样编的？这个问题确是很难解答的。我以为好的故事必须合乎以下的几个条件：

甲、故事的内容：

一、要在儿童经验之内的；

二、或要在儿童知识之内的；

三、要能引起和支持儿童的兴趣的。

乙、故事的文字：

一、要合乎儿童语气的；

二、要合乎儿童的心理的。

要达到以上的条件，故事的内容：（一）必须多动作的情形；（二）故事里的词句必须合乎儿童的语气。要明了以上几层意思，特为举例如下。

＊ 原载《儿童教育》第 2 卷第 3 期（1930 年 3 月）。

甲译之"三只羊"

从前有三只山羊，就是大山羊、二山羊和小山羊。它们上山去吃草，有一条河隔着，必得要过一条桥。在桥底下，有一个怪物。这怪物顶难看：鼻子顶长，眼睛顶大，无论什么东西看见它也害怕。

先是小山羊来了，走上桥，嘎噔嘎噔地响。怪物说："谁过我的桥？"小山羊说："是我小山羊。"怪物说："我要上去吃你。"小山羊说："你别吃我！在我后边还有一只又肥又大的羊来！"怪物说："你快过去吧！"

一会儿二山羊来了，过桥有声，嘎噔嘎噔地响。怪物说："谁过我的桥？"二山羊说："是我二山羊。"怪物说："我要上去吃你。"二山羊说："你别吃我！在我后边还有一只顶肥顶大的羊来！"怪物说："你快过去吧。"

一会大山羊来了，走上桥，发出很大的声音，是嘎噔嘎噔的响。怪物说："谁过我的桥？"大山羊说："是我大山羊。"怪物说："我要上去吃你！"大山羊说："你来吧！我不怕你！"怪物一上来，大山羊就用角把它顶死了。它们三只山羊都上山去吃草，以后往来，就不用害怕了。

乙译之"三只羊"

在山脚下有三只羊：一只小羊，一只中羊，一只大羊。有一天，它们要到山上去吃草，小羊说："我先上去。"他就滴督！滴督！走上去了，山路的旁边，有一个洞，洞里有一只白狼，他听到小羊走上来了，就跑到洞门口，喊道："哪一个？"小羊说："是我！"白狼说："你到哪里去？"小羊说："上山去吃草！"白狼说："我要吃掉你！"小羊说："啊！不好的！后面有一只中羊，快要到了，它比我大，肉也比我多，你吃它吧！"白狼说："好！让你过去吧！"

停了一息，中羊踢囊！踢囊！走上山来了，白狼又跑出来喊道："来的是中羊么？"中羊说："是的！"白狼说："你到哪里去？"中羊说："上山去吃草！"白狼说："我要吃掉你！"中羊说："啊，不要吃我！后面有一只大羊，快要到了，它长得又大又肥，你还是吃它吧！"白狼说："好！让你去吧！"

再过了一息，大羊蹀躞！蹀躞！走上山来了，白狼又赶出来喊道："来的是大羊么？"大羊说："是的！"白狼说："你到山上去吃草么？"大羊说："是的！"白狼说："我要吃掉你！"大羊说："好的，你来吃吧！"白狼赶上去吃大羊，大羊就用它的两根尖角，把白狼一撞，白狼就骨碌骨碌滚到山坑里去了！

这两个故事都是从一个外国故事《三只羊》（*The Three Billy Goats*）翻译出来的，但两篇的翻译，很有点出入的地方。兹特把它们不同之点，逐一解释，以便阅者采择。

（一）甲译：

从前有三只山羊，就是大山羊、二山羊和小山羊。

乙译：

在山脚下有三只羊：一只小羊，一只中羊，一只大羊。

评：甲编中的"就是""和"等字都使语气柔弱。

乙编的口气完全是说话的口气。

甲编的语气是有阅读的意味。

（二）甲译：

它们上山去吃草，有一条河隔着，必得要过一条桥。在桥底下，有一个怪物。这怪物顶难看：鼻子顶长，眼睛顶大，无论什么东西看见它也害怕！

乙译：

有一天，它们要到山上去吃草，山路的旁边，有一个洞，洞里有一只白狼。

评："它们上山去吃草，有一条河隔着，必得要过一条桥"。这三句话在文字上似乎说得不甚透彻，使阅者难以明了：（1）到底这三只羊在什么地方；（2）这一条河在什么地方；（3）既已上山去吃草了，下文忽然有条河隔着，这条河似乎在山脚之上与地势不甚相合。

（三）甲译：

在桥底下，有个怪物……无论什么东西看见它也害怕！

评：（1）"怪物"这样东西太可怕，如译者说："无论什么东西看见它也害怕！"这种可怕的东西切不可讲给小孩子听，以免发生无谓的恐怖！狼是吃羊的动物，也是小孩子所常听见的东西，而且狼的凶猛，并没有像老虎、狮子的那样厉害，狼的气力比羊大来有限，所以后来的挣扎羊就有制胜的可能，所以乙译者以狼代怪物较为适宜。（2）既然"无论什么东西看见它也害怕"，请问后来山羊怎样敢用角把怪物顶死呢？

（四）甲译：

先是小山羊来了，走上桥，嘎噔嘎噔地响。

乙译：

小山羊说："我先上去。"它就滴督！滴督！走上去了。

评：（1）"先是"的意思，不是小孩子容易领会的"先是"的语气，又非言语中所常用的。（2）"滴督！滴督！"形容小山羊走路的声音比"嘎噔！嘎噔！"来得正确。

（五）甲译：

怪物说："谁过我的桥？"小山羊说："是我小山羊。"怪物说："我要上去吃你。"小山羊说："你别吃我！在我后边还有一只又肥又大的羊来。"怪物说："你快过去吧！"

乙译：

"它"（白狼）听到小羊走上来了，就跑到洞门口喊道："哪一个？"小羊说："是我！"白狼说："你到哪里去？"小羊说："上山去吃草！"白狼说："我要吃掉你！"小羊说："啊！不好！后面有只中羊，快要到了，它比我大，肉也比我多，你吃它吧！"白狼说："好！让你过去吧！"

评：（1）"是我小山羊"这句话有点语病：①语气太和缓；②语气不通俗。这句话应当改为"是我"或"小羊"。（2）"我要上去吃你"的"去"字应改为"来"字：桥下的怪物对桥上的小山羊只能说"我要上来"，不能说"我要上去"。（3）"在我后边还有一只又肥又大的羊来"这句话似乎太累赘，讲固不易，听也很难。

（六）甲译：

一会儿二山羊来了，过桥有声，嘎噔！嘎噔地响！

乙译：

停了一息，中羊踢囊！踢囊！走上山来了。

评："嘎噔！嘎噔！"的声音，似乎不能充分描写二山羊走路的情形，二山羊既比小山羊大，二山羊走路的声音应当比小山羊来得重。乙译之踢囊！踢囊！似乎能做到这一步。

（七）甲译：

怪物说："谁过我的桥？"二山羊说："是我小山羊！"怪物说："我要上去吃你！"

乙译：

白狼又跑出来喊道："来的是中羊么？"中羊说："是的。"白狼说："你到哪里去？"中羊说："上山去吃草！"白狼说："我要吃掉你！"

评：乙译"来的是中羊么"比甲译"谁过我的桥"来得确当，明知来的是中羊，何必再问谁呢？但是为年幼的小孩子学话起见，"谁过我的桥"或者来得好些。

（八）甲译：

一会儿大羊来了，走上桥发出很大的声音"是嘎噔嘎噔地响"。

乙译：

再过了一息，大羊蹀躞！蹀躞！走上山来了。

评：（1）这里甲译的文字是不通的。（2）"走上桥发出很大的声音"，这白话似乎是大羊发出的。（3）"嘎噔！嘎噔！"是应改掉的。（4）乙译：把三只羊走路的声音描写得清楚，使听者易于领会而感兴趣。

（九）甲译：

怪物说："谁过我的桥？"大山羊说："是我大山羊。"怪物说："我要上去吃你！"大山羊说："你来吧！我不怕你！"

乙译：

白狼又赶出来，喊道："来的是大山羊么？"大羊说："是的！"白狼说："你到山上去吃草么？"大羊说："是的！"白狼说："我要吃掉你！"大羊说："好的！你来吃吧！"

评：在乙译的一段里，大羊的那种口气很可以表示一种"有恃而无恐"的精神。甲译的一段文字里面"谁过我的桥？""是我大山羊"这两句话和"我要上去吃你！"的"去"字都不妥当，其理由详上。

（十）甲译：

怪物一上来，大山羊就用角把它顶死了。它们三只羊都上山去吃草，以后往来，就不用害怕了。

乙译：

白狼赶上去吃大羊，大羊就用它的两只尖角，把白狼一撞，白狼就骨碌骨碌滚到山坑里去了！

评：看了"怪物一上来"的"来"字，益信上面的"去"字不恰当。

总结：看了上面的一篇短短评论，我们就可知道儿童故事是不容易编的。我以为故事要编得好，编的人必须与儿童多接触，以明了儿童的心理和儿童的言语；但有一句，我要郑重声明的就是"故事的词句须合乎儿童的语气"这句话是相对的，非绝对的。若故事内词句须绝对地合乎儿童的语气，那儿童就不能从故事中得着学习说话的机会，我以为儿童故事尽管可以有成人的语气，但不要太多，不致减少儿童的兴趣才好！

中 编

小学教育课程与教材

教材的选择及其排列 *

我们知道教材是人类积累的经验，不过，这许多经验异常庞杂，绝不是可以完全用作小学教材的适宜的教材，必经过严格的选择。教材的选择，至少要适合下列几个原则（参阅吴宗望《小学教材研究》，开明书局）。

一、要适合儿童的需要

在从前，一般人不曾认识儿童，把儿童当作具体而微的成人，那时所用的教材，都是依据成人的眼光做衡量的标准。自从发现了儿童以后，大家总感觉到教育的对象，所有一切的教育设施，应把儿童的需要做前提。教材选择，当然要求适合儿童的需要。所谓适合儿童需要，一方面是指着儿童生理的需要，因为儿童身体上各部构造都有他的特点，小学里所用的教材，消极的应无碍于生理的发展，积极的要协助儿童生理发展。"一方面是指着儿童心理的需要"这句话，扼要地说就是合不

＊ 选自陈鹤琴、阴景曙编：《新实习》，儿童书局 1936 年版。

合儿童的兴味，兴味可以增加记忆的能力，可以延长学习的时间。所以选择教材的时候，固然要明了儿童的注意作用，同时还要明了儿童心理上自然的倾向。

二、要适合社会的需要

教材的选择，要注意儿童方面，也要注意社会方面。以前选择教材，往往轻视儿童，偏重社会，结果是因为方法不善，更不能适应社会；后来新教育虽然注意到儿童，但结果把社会需要又无形忽略了。

选择教材要能适应社会的需要。第一，学校本身应该社会化。第二，学校教材中应尽量采纳社会上多数人所适用的计划，同时还要顾及生活方法的不同，所需要的知识、技能也不能一致的。例如，乡村小学里所需要的农事知识，城市小学则认为不重要；工业区的学校，其所需要的教材，与在农业区的，也有差异。

三、要适合时代的需要

教材选择，常因时代不同而有很大的差异。大家总知道，国语科在科举时代以读八股文为当时猎取功名的重要材料；数学、自然等科，在闭关时代，只有珠算及零星的自然知识；到后来海关既开，交通发达，对于西洋文明，渐知认识和采用，所以学校里面也把它们作为重要的研究材料。这种变化都由于各时需要的不同，所以我们应该把这个不同认识清楚，才不致有违背时代潮流之憾！由此可见，教师选择教材要适合时代需要，不但要有明敏的眼光，走到时代前面去，并且还要有改革的毅力和化民成俗的伟大人格。

四、要适合环境的需要

教材的选择，因随着时代的不同而异其需要，为了环境不同，亦应该分别适应需要。如地理科，在美国以密士失比河①为重要材料，在中国则以黄河、长江为重要材料。又如近代史和自然两科，美国近代史以林肯、华盛顿为重要材料，中国则以孙中山为重要材料。中国和美国的自然科，以农产物占材料的大部，日本则以渔业和蚕业占材料的大部。再在同一国家里面，沿海与近山不同，乡村与城市各异，如违反这个原则，则教学材料，成为不为环境所需要的了。

教材选择以后，仍须有适当的排列，才便于儿童学习，因此教材的排列问题，也是我们应该研究的。

教材的排列当依儿童生理和心理的发展为根据，绝不能以成人的主见为依据，现在把排列教材的几个原则，列举于后（参阅吴研因等著《小学教材与教学法》，中华书局）。

1. 由已知到未知

这就是由儿童固有的经验，引导他获得新经验。儿童在未入学之前，因为他和环境内事物相接触，已具备相当的经验，教师可以此为出发点，设法扩展或改造。例如教师和儿童研究狗的形态、习性和食料，

---

① 密士失比河即密西西比河。——编者注

因为儿童看见过狗，所以就比较容易明了。

根据这个原则，开始所用的教材，须是儿童环境内所能接触的事物。例如自然教材，先讲儿童所常遇到的自然现象和本地的动植物，然后研究远处的动植物。又如地理教材，先从学校的位置、学校的地理环境和学校所在地的地理状况开始，然后研究远处的地理。

2. 由具体到抽象

儿童对于具体的事物、较抽象的意义容易了解，所以教学应先用实在的教材，使儿童亲自观察，亲手试做，以获得直接经验。儿童既有直接经验之后，对于抽象的符号或意义，自会明了。譬如教小孩子识字，要从认识"跑""叫"等字开始，因为这些字可以用具体的动作表达出来的。又如自然研究，先要用实物供给儿童观察，然后再讨论说明。

根据这个原则排列教材，应充分顾到儿童的想象力与了解力。教材的难易，须与儿童的想象力、了解力相适应。因此研究"国庆纪念"，低年级要利用模型、图画和沙箱装置，而高年级则可讨论辛亥革命的意义、国庆与国难等问题。

3. 由主要到次要

教材的价值，不是绝对的。排列教材，应注意教材的比较价值，所用教材，可以分出主要的和次要的；教材顺序，也可排主要的在前，次要的在后。

根据这个原则，教师应将教材就主要和次要的进行排列，以比较重要的做纲领，再以其他有关的材料做补充。教材如不分主要和次要，则任意提前移后，往往不重要的教材倒先教了，而重要的反没有提及。学生所习的，不是精华而是糟粕，浪费时间和精力，莫此为甚。

《中国历史故事》编辑大意 [*]

一、编辑目的

（一）研究民族过去的经济生活，来改善我们现代的经济生活；

（二）研究民族过去的文物制度，来创造我们现代的文物制度；

（三）研究民族过去的发展过程，来了解我们民族今后应走的方向；

（四）研究民族过去失败的因果，来指导我们做人立国的方针；

（五）研究民族过去奋斗的精神，来激发我们的民族意识，加强我们救国的信念。

二、内容

（一）不替皇帝一家说话，要替人民大众说话；

（二）不替英雄个人捧场，要说团结合作的力量；

（三）不搬出陈旧古董，要和现实有密切联系；

＊ 选自陈鹤琴、陈选善主编：《中国历史故事》，上海民众书店 1938 年版。

（四）不注意朝代改换，要注意社会的发展；

（五）不仅仅回忆过去，要做我们现代的借鉴。

三、体裁

（一）用浅近的文字，引起"容易懂容易记"的兴趣；

（二）用完整的故事，引起"读了再读"的兴趣；

（三）用生动的图画，引起"看了再看"的兴趣；

（四）用问题的讨论，引起"想了再想"的兴趣；

（五）用诗歌的练习，引起"唱了再唱"的兴趣。

40册书名如下：

第一组：1.衣食住怎样来的；2.中华民族的来源；3.黄帝灭蚩尤；4.夏禹治水；5.两次大革命；6.封建制度；7.古代的大圣人——孔子；8.卧薪尝胆；9.陶朱公救国救民；10.秦始皇统一中国。

第二组：11.万里长城；12.黄河；13.黄河流域的文化；14.楚汉的战争；15.王莽改革政治；16.立功异域的张骞和班超；17.苏武牧羊北海；18.马援平定安南；19.鞠躬尽瘁的诸葛亮；20.隋炀帝开运河。

第三组：21.江南文化的繁荣；22.长江；23.唐太宗发扬国威；24.玄奘到印度；25.三大宗教传入中国；26.纷乱的五代十国；27.大政治家王安石；28.精忠报国的岳飞；29.蒙人的远征；30.马可波罗游中国。

第四组：31.郑和下西洋；32.中西文明的交流；33.粤江；34.史可法为国牺牲；35.黑龙江；36.太平天国；37.中华民族的形成；38.革命领袖孙中山；39.中华民国的成立；40.中国的铁路。

现代课本编排的新趋势*

无论在内容上或形式上，现代课本的编排，都有一种新的趋势。这种趋势已使课本与儿童之间的距离，分外地接近起来，使课本成为儿童喜看、喜读、乐于求解的好伴侣。由于课本的新的改进，把儿童以往畏书、惧书、恶书的心理，积极地消除了。这种新趋势究竟是怎样的？现在让我们做一个简略的叙述。

首先，我们从形式上来看，现代课本编排所表现的新形式是"无边式"的（如图1）。什么叫作"无边式"？所谓"无边式"就是指课本中图画的地位与格式是全面地占有，在画的周围，没有留下任何空白的地方，书页的边缘，也就是图画的边缘，在每一书页中，除了"页码"外，你找不到任何的废字（如"书码""课码"等等的字迹）。这里所引

图1　无边式

---

* 原载《活教育》第4卷第2期（1947年2月），有删节。

用的一幅图形，是从一本编排"无边式"的课本叫《科学故事》(*Science Stories*) 第 3 册第 217 页中摘引下来的，在这一幅图形中，我们可以看到"无边式"的整个形姿。

我们知道，最初课本的形式，都是"格子式"的，在这种形式之中，图式是被一个方格子范围着。在整个书页当中，它只占有一块的地位。自然啰！这种形式是最呆板没有了，但我们通常所看到的教科书，却都采用了这种形式。

但是，课本的形式，从"格子式"进步到"无边式"，其间还有一个过渡的阶段，在这个阶段中，图形的方格被打破了，无规则的图形使课本的形式略为活动。同时，图形跟课文本身也结合起来，往往图形位置都插在课文当中。图 2 就是这种过渡的编排形式，这个图形来自《健康故事基础课程丛书》(*Curriculum Foundation Series Health Stories*) 第 3 册第 80 页。

图 2　过渡式

比起"格子式"来，过渡型的课本，可说是进步得多了，但与"无边式"的课本比较，还是非常落后的。为什么说"无边式"课本是最进步的、新型的编排方式呢？这是因为"无边式"的课本具有以下几种优点：

第一，地位经济。在"格子式"的课本中，每一页的上下左右所空掉的地位是相当可观的，通常课本的阔是 5 英寸，长是 7.3 英寸，每页的面积是 36.5 平方英寸，而四边空白所占的面积则有 14 平方英寸①，约当全页面积的 38.4% 强。书的大小虽不一致，但它所浪费的地位是相差不远的，你想这是多么的不经济。假使我们采用的是"无边式"，那至少可以省去 14% 的地位，所以，我们说"无边式"的课本形式，在地位上是比较得经济的。

第二，形式生动。课本的形式如果能够生动灵活，便容易吸引儿童的注意，鼓起儿童的兴趣。儿童是否爱好书本，书本的内容固然非常重要，而书本的形式，也有相当的影响。只要我们把"格子式"的课本与"无边式"的课本互相比较一下，立刻就可以知道"无边式"的课本是怎样地使人喜欢。为什么它能有这种效力呢？因为它的形式生动，它已经做到活的地步了。

第三，无边无涯。拿起"格子式"的课本来，尽管它的图画是印得如何的美丽，彩色是如何的调和，但在我们看来，总觉得自己的目光视线受到一种阻碍与范围，无疑的，这种感觉是由于图形囿于格子中的结果。现在的"无边式"，其图形是无边无涯的，我们翻开这种课本，顿觉心胸开朗，目光远瞩，所以"无边式"的编排，在儿童远大胸襟的培养上，确有很大的价值。

第四，蓄意深长。因为"无边式"的课本是无边无涯的，所以每一幅图形的意义都似乎是不仅限于图形中所呈现的部分而已，在我们的想象中，它的意义是向两极无限地绵延着。意义的无限绵延性，不但可以丰富儿童的思想力与想象力，而且还可以激发儿童阅读的兴趣，这样比

① 1 英寸＝2.54 厘米，1 平方英寸＝6.451 6 平方厘米。——编者注

之那意义"尽在是矣"的"格子式"课本，可以说是优越得多了。

"无边式"不但是课本编排中最新的形式，而且目前的许多单行本也都采用这种方式。譬如《英国的进展》(*British Advances*) 一书，其编排就是采取这种"无边式"的。

其次，我们再从内容方面，看看现代课本编排的趋势如何。

就一般的情形来说，以往课本的内容，大多是零星破碎、漫无组织的，格言式的句子，平淡无奇的叙述，儿童读起来好比吃草根、树皮，咀嚼不出丝毫的滋味来，哪里还谈得上有兴趣向书本进攻呢！所以，今日课本编辑者的首务，便是如何使内容接近儿童的心理，使课本成为儿童片刻不释的好朋友。

要叫课本变成儿童喜看、喜读、乐于求解的好伴侣，最好的办法，就是要把体裁故事化。什么叫作体裁故事化呢？所谓体裁故事化，就是用小说的笔调、故事般的叙述，打破说教八股，把题材变成新奇生趣的故事，使课本的内容与儿童情感互相呼应，无形结合，以收潜移默化之效。所以，今日课本的编排，大都已走上体裁故事化的道路。

或许大家会有这样的担心，以为体裁故事化的课本，既要顾到故事的情节，又要注意儿童的兴趣，对于内容方面，未免有顾此失彼之感，果如此，则内容的贫乏不是又无法避免了吗？但事实绝非如此。下面一段，便是前揭书《科学故事》(*Science Stories*)第 3 册中所包含的内容：

第一篇　生物居住何处（Where do living things live）

第一章　陆栖动物（land animals）

第二章　水栖动物（water animals）

第三章　两栖动物（water land animals）

第四章　陆生植物（land plants）

第五章　水生植物（water plants）

第二篇　生物如何御卫（How are living things protected）

第一章　动物如何自卫（How animals defend themselves）

第二章　住所如何保护动物（How homes protect animals）

第三章　动物如何照顾它们的幼孩（How animals take care of their babies）

第四章　植物如何保护（How plants are protected）

第三篇　地球的表面（the earth's surface）

第一章　地球上的水与陆（the land and water on the earth）

第二章　陆地如何变迁（How the land is changed）

第四篇　如何使工作容易（How is work made easy）

第一章　运用筋肉工作（using muscles to do work）

第二章　为筋肉获得帮助（getting help for muscles）

全书 139 页，共 4 篇 13 章。像这样的课本，虽用故事化的体裁，谁能说它的内容不够丰富？所以，体裁故事化之后的课本内容，是用不着我们担心的。并且，由于儿童兴趣的浓厚，课本的内容更易被儿童吸收和接受，在教学上所收获的效果，确是无法衡量的。

现代课本的编排，不但体裁已广泛地采用故事化的原则，而且在取材方面，也开始走向"现实化""科学化"和"专门化"的道路。

儿童是生活在现实环境之中。现实环境包括四个方面，即自然环境、社会环境、生理环境和心理环境。自然与社会构成了客观的环境，而生理与心理则构成了主观的环境，客观环境与主观环境，互相渗透，变化无穷，致促成了现实生活的丰伟内容。自然现象的更新，社会关系的演变，所有一事一物，一光一热，都能引起儿童的好奇心与追求心。从现实丰伟的内容中吸收题材，能使课本成为做中教、做中学、做中进步的良好指导者；从现实丰伟的内容中吸收题材，能使课本成为儿童喜读、喜看、乐于了解的新伴侣；只有当取材现实化的时候，课本上的知识才能成为儿童学习"做人，做中国人，做现代中国人"的具体参考资料。所以，取材现实化是现代课本内容的新趋势之一。

至于取材科学化乃是针对以往课本玄学化的有力反驳。旧日的课本，由于宗教势力或其他政治势力有形无形的统治，使它充满了反科学的神话迷信。这是具有强烈毒素的麻醉品，它对于儿童以及整个人类文化的危害是既深且巨的。为了杜绝人类文化的危机，今日的课本内容，都已广泛地接受了科学化的号召，这是时代的趋势，是谁都无法抗拒的时代趋势。

但取材如何才能科学化？这是我们所急欲知道的，就目前的趋势看来，所谓科学化是指两个方向，一方面是科学资料的采用，另一方面是科学态度的确立。现代科学研究的成就，被广泛地容纳于课本之中，同时，对于任何自然的、社会的、生理的或心理的现象都予以科学的说明，使儿童在课本中所获得的知识是属于客观而类于真实的知识。唯有如此，课本才能成为儿童的忠实而可靠的顾问。

现代课本取材的第三个新趋势，便是专门化。所谓取材专门化，就是说整个课本的内容，是属于一个特定的故事。它反对以往课本中杂乱无章的垃圾堆作风，而使内容单纯化起来，以便于儿童的阅读与了解。譬如，科学有科学的故事，艺术有艺术的故事，社会有社会的故事，卫生有卫生的故事。

　　总括地说，现代课本编排具有两大趋向：第一，形式的趋势是"无边式"；第二，内容的趋势是体裁故事化，取材现实化、科学化和专门化。

国语教科书要怎样编的 *

一、前言

国语是小学课程中最重要的一个科目。

第一，国语在整个课程中所占的分量比任何科目都要多。

第二，国语是课程中的基本科目。国语学得好，其他的功课学起来也比较容易。

第三，国语对于小孩子做人的前途有很大的关系。小孩子文字好，将来做事做人求学都比较来得便当。国语科目既然如此重要，故国语教科书的编辑就非特别注意不可了。欧美各国对于国语教科书都非常重视，许多教科书都是由教育专家编辑出来的。

国语教科书究竟应当怎样编辑呢？这个问题，在中国是一个很严重的问题。民国二十年（1931 年）中华儿童教育社在《儿童教育》3 卷 8 期上，曾出了一个《儿童读物专号》，讨论儿童读物与鸟言兽语的关系；笔者继续在《儿童教育》上发表过《低年级国语教科书要怎样编的》，

---

* 原载《活教育》第 3 卷第 4、5 期合刊（1944 年 1 月），有删节。

这些都是编辑国语教科书的参考材料。现在我分编制、内容、文字、形式四点，来和国内教育家讨论讨论。

二、编制

教科书有三种编制：一种是页课制，一种是单元制，还有一种是一贯制。

（一）页课制

什么叫作页课制呢？页课制就是说一页限于一课，一课也限于一页的那种教科书的编制。我国旧式的教科书，都属此种。如现在的国定本国语常识课本第一册第八、第九两课，还是页课制的编法。第八课是讲看月，第九课是讲分梨，两课课文都是完全独立的，我们找不出一点衔接的关系。整本都是这样编出来的教科书，我们可以称它为页课制。

这种编制有什么问题呢？

1. 上下课文毫无关联。小孩子对于关联的文字比没有关联的文字容易记得，容易发生兴趣。若上下课文毫无关联，这种课文是要增加小孩子记忆的困难，要减低小孩子阅读兴趣的。

2. 儿童不能自己学习。页课制，常是突如其来，儿童摸不着头脑，非要老师讲解不可。

3. 教师讲解困难。教师对于这些毫无关联的课文，也不容易找到教学的方法，非有一本教学指引，即无从讲起。

4. 编者受文字限制的束缚。这种编制完全受文字的支配，就是编者有好的意思，也不容许如意地写出来，因此课文就缺少意义，也缺乏生气了。

5. 违反学习心理。照学习心理讲，有意义的文字比无意义的文字容易学习，有关联的文字比没有关联的文字容易记得。页课制上下课文无关联，页课制编者受文字的限制，难得有丰富意义的文字，所以完全违反学习心理。

（二）单元制

什么叫作单元制呢？就是一本教科书分多少单元，每个单元包括若干课文，在单元后加一个练习，笔者所编的《儿童国语课本》（上海儿童书局发行）就是用这种方法编的。

单元制有什么好处呢？单元制的好处是很多的：

1. 有中心思想。单元制的思想是有中心的，所以它每个单元的内容、每个单元的文字，都是前后一致的，小孩子看了第一面就要看第二面，看了第二面就要看第三面，非要看完整个单元，不肯罢手。

2. 有丰富的内容。单元制不受页数的限制，编者可以把很好的内容编成课文。

3. 有生动的文字。单元制不受字数的限制，编者只要顾到儿童的兴趣、儿童的能力，而不斤斤于字数的多寡、课文的长短，这样编出来的课文，文字自然能生动有力了。

4. 儿童学习兴趣浓厚。因为课文有中心思想，有丰富的内容，有生动的文字，当然容易引起儿童的学习兴趣。儿童学习起来，兴趣比页课制浓厚得多。

（三）一贯制

什么叫作一贯制呢？就是整套的课文，是一个大单元，大单元中间，包括了许多有连贯性的小单元。这种编制，有三种方式：

1. 多数儿童中心制。像普通小说一样，中间有很多的角色，但是整个内容还是连贯一气的。这种教科书的编制，是以儿童为中心而以多数儿童为主体的。

2. 两个儿童中心制。全套教科书的内容，都是描写两个异性儿童的生活。但是这种编制，仍是以作者意见来描写儿童的，故还不能彻底。

3. 一个儿童中心制。一部教科书，只有一个主角，这个主角就是阅读这部书的儿童。课文的口气也就是这个儿童的口气。这种编制有什么好处呢？这部书完全是用儿童的生活、经验而编的，所以儿童读起来容易了解，容易发生兴趣，儿童读了一课，要读第二课，读了一本，想第二本，好像看小说一样地有兴趣。笔者所编的《儿童国语课本》（上海儿童书局出版）就是照这个方法编的，整套书共 8 本，都是用一鸣作中心写出来的。

上面所说的三种编制——页课制、单元制、一贯制，要算一贯制的编法为最好，单元制次之，页课制顶坏，而一贯制里面所说的三种编制，又以一个儿童中心制为最好。

三、内容

（一）实例

国语究竟用什么东西做内容呢？这个问题很值得研究。国语原是一种文字，假使文字只有形式而没有内容，这种文字是空泛的而没有意义的。许多国语教科书就是这样，只知注重文字而没有注意内容，试看下面的几个例子：

1. 大家看新书，新书真好看！（国定本国语常识课本第一册第二课）

2. 去去去！大家去游戏，游戏真有趣。（国定本国语常识课本第一册第三课）

我们看第一个例子"新书真好看"，新书好看在哪里，没有说出来，单单一个"新"字是不足以说明书的好看的。所以我们应当说"新书有图画，图画真好看"。假使这个课文就是说到此地为止，还是没有内容的，图画好看在哪里，没有说出来，所以我们应当继续编下去，把好看的图画介绍出来给小孩子欣赏，给小孩子绘画（如图1、图2、图3）。现在我把这课课文修订如下：

图1　课文的插图Ⅰ

小朋友，

这里有新书，

大家都来看，

新书有图画，

图画真好看，

＊＊＊　＊＊＊

老师，这里有什么好看的图画，

我们可以看看。

小朋友，这张图画好玩得很，

图上有五只蝴蝶，

你们找得着吗？

＊＊＊　＊＊＊

小朋友，这张图画还要好玩：

小老鼠，上灯台，

偷油吃，下不来。

叫妈妈，妈不在，

骨碌骨碌滚下来。

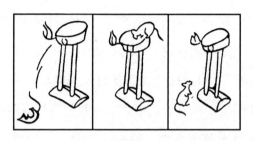

图2　课文的插图Ⅱ

＊＊＊　＊＊＊

小朋友，你们喜欢图画吗？

下面还有更多好玩的图画，

个个图画都缺少一样东西。

你们把它画出来。

＊＊＊　＊＊＊

图3　课文的插图Ⅲ

这只老雄鸡，

没有嘴，

不会啼。

你来画一张。

这只大黄牛，

没有尾巴，

不会赶苍蝇。

你来画一条。

我们再来看第二个例子"游戏真有趣"，也是空洞的，小孩子一定
要游戏以后才能感到游戏有趣的，所以我们应当说出什么具体的游戏
来，如打秋千、拍皮球、滚铁环、踢毽子、跳绳子等。这样课文就有内
容了，现在我也把它修正如下：

小朋友，

这里有秋千，

有滑梯，有皮球，有铁环，

大家快来玩。

＊＊＊　＊＊＊

老师，我来荡秋千。

老师，我来滚铁环。

老师，我来拍皮球。

老师，我来溜滑梯。

＊＊＊　＊＊＊

小朋友，

我来教你们唱歌：

小皮球真顽皮，

不打它，它不理。

一打它，就跳起，

小皮球真顽皮。

*　*　*　　*　*　*

荡秋千，荡秋千，

荡得高，荡得低；

荡秋千，荡秋千，

荡到东，荡到西。

荡！荡！荡！

荡东荡西，高高低低。

上面所说的两个例子，还有点意义。有些教科书的课文，简直是在变文字把戏，而毫无意义的，试看下面一个例子：

小小狗，好朋友。

我唱唱，它跳跳。

我笑笑，它叫叫。

你看这只狗究竟是什么狗，你唱它会跳，你笑它会叫，这课课文完全为着音韵而把内容忽略了，假使我们把它改作：

小狗小，小狗好。

看见小弟弟，尾巴摇几摇。

这个内容比较近理，同时意义也丰富了。

（二）内容的分析

国语教科书的内容，不外乎两方面：一是儿童的常识，包括大自然大社会；一是儿童的心理，包括儿童的经验、儿童的思想、儿童的生活习惯。我们选择教科书的内容应该根据儿童的心理而顾到社会的需要，不应根据社会的需要而忽略儿童的心理。

这里我们还要谈到一点，就是现在国定课本把常识和国语合并教学，合并的原理在哪里呢？就是以常识作经、以国语作纬，也可以说以常识为实质、以国语为形式。这种课本的编制是很值得研究的。

从前编的国语大都只能唱唱念念，没有内容，当然没有价值。现在用常识作国语的内容，在国语方面是没有多大问题的，我们可以把常识的内容扩大，不仅包括大自然、大社会，关于儿童的经验、生活、心理也可以包括进去。

但是在常识方面就大成问题了。

1. 常识教学会受国语的限制。常识教学重在经验，重在做，常识教学时固然要用文字，但我们不应当用文字来束缚教学。小孩子学常识的时候应当看大量的书籍，不应当看一点文字。

2. 常识有常识的系统。常识受时间空间的限制，受儿童心理的限制，它要因时制宜，因地制宜，它要适合儿童的兴趣，适合儿童的了解程度，适合儿童的活动能力，不能像国语一样有普遍性的。

3. 常识教学重在实际经验，重在做。比如养蚕，儿童一定要亲自养过蚕，才知道养蚕的意义。有养蚕的经验才会了解养蚕的文字，所以常识教学重在如何教小孩子去做经验，而不重在如何教小孩子学好文字，故两者的中间当有差别。

（三）内容的表现

1. 盖茨（Gates）的五种方式。

根据盖茨（哥伦比亚大学教育心理学教授）的意见，国语内容表现的方式有下列五种：

①言语活动——包括默读、朗读、讨论、辩论、讲说、作文和写信等。

②表演活动——包括各种动作反应，戏剧、话剧的表演。

③艺术活动——包括引起艺术活动的文字，供给儿童艺术创造活动的机会和动力。

④建造活动——包括建造活动的文字，以引起儿童建设和从事建设活动的兴趣。

⑤探究活动——包括调查、搜集、参考、研究等活动。

2. 陈氏①"做"的原则。

上面所说的国语内容的五种表现方式，与笔者的见解有相同的地方。笔者曾在《儿童教育》3卷9期上发表过《低年级国语教科书要怎样编的》，其中关于内容方面有下面一段见解：

教科书有几种，有看的书，有听的书，有读的书，有做的书，其中做的书，当然比其他三种来得有趣。普通国语教科书可说是给儿童听的，给儿童读的，给儿童看的，所以儿童对于这种教科书，就没有多大兴趣。试问怎样叫"做"的教科书呢？现在可以把"做"分做几个方面来说：①小孩子可以画的；②小孩子可以唱的；③小孩子可以想的；④小孩子可以玩的。这四种方式都是小孩子自己愿意去做的。用这种方法编的教材可说是活的教材，不是死的教材；用这种方法编的教材，不但可以引起儿童的兴趣，而且可以支持儿童的兴趣。

---

① 陈氏指陈鹤琴。——编者注

3. 几种特质的运用。对于内容的表现，如何才会引起儿童兴趣，这里盖茨有个科学的研究，值得我们注意的。盖茨用邓恩 1921 年所发表研究儿童阅读兴趣大体相同的方法，把儿童阅读兴趣的特质分析为：①动物；②道德训练；③音韵；④诗意；⑤动作；⑥叙述；⑦滑稽；⑧反复；⑨写实；⑩想象；⑪情节；⑫熟悉；⑬奇特；⑭对话。共 14 种特质，测量每种特质与一、二、三年级儿童阅读兴趣的相关，其结果如表 1。

表 1　儿童阅读兴趣的特质分析

特质	奇特	动作	动物	滑稽	对话	情节	叙述	诗意	熟悉	反复	想象	写实	音韵	道德训练
相关	0.35	0.25	0.18	0.15	0.13	0.08	0.08	0.07	0.06	0.04	0.01	0.00	0.00	—0.15

从表 1 看来，其中奇特特质最能引起儿童阅读兴趣，动作次之，动物又次之，想象、写实与低年级儿童阅读兴趣无关，道德训练与低年级儿童阅读兴趣相反，不过表中各特质的相关数，都不十分大，没有一个特质可以单独引起儿童兴趣的。所以优良的儿童读物，应当能包含几种有利的特质才行，故内容的表现只要巧妙地引用几种显著的特质，如奇特动作、滑稽对话和情节等就能够引起儿童的热烈的兴趣了。

四、文字

国语教科书的最大目标当然是学习基本语文、培养阅读能力、获得发表技术，但用什么方法来达到这个目的呢？这就是编书的技术问题。一般的国语教科书只注意到文字而没有注意到学习文字的儿童，虽然本本教科书的编制，个个都说是根据儿童心理编制的，实际上违反儿童心理的处处皆是。

一百年前，裴斯泰洛齐（Pestalozzi）提倡新教育，他要把教材心理化。他主张教材的编制须由浅入深、由简而繁，所以那时候教起来先学 26 个字母，学会字母再把单音拼好，如 Ba，Bi，Bo 等，然后再教拼字，如 Cat，Dog，Big 等，然后再学句子。裴氏以为儿童不能学习复杂的东西，这种见解是对的，但是他的这种方法是错误的。要把 26 个字母背熟，这是一件多么不容易的事情，照近代心理学讲，整个的东西比片断的东西容易学习，有意义的东西比没有意义的东西容易学习，所以这种片断的没有意义的文字，学起来当然是很困难的。

现在我国的国语教科书，对于文字方面有什么弊病呢？关于这一点我从前在《儿童教育》3 卷 10 期的《低级国语教科书要怎样编的》中讨论到这个问题。现在我重新把它提出来，现在我国国语教科书的弊病约有下列九种：

1. 太注重生字。现今低年级国语教科书，注重在关注几个生字，所以课文中的意义常迁就字句。下一课的字句一定要同上一课的字句相连，而下一课字句的意义尽可以与上一课字句的意义漠不相关，这实在是错误的。揆诸编者心理，对于注重生字的问题不外有几种成见：

（1）字句愈少，小孩子愈容易认识，愈容易记得

这种原则有的时候是对的，有的时候是错的，要看编者用得得当与否。照心理原则讲起来，有意义的字句比没有意义的字句容易认识，容易记得，还有意义丰富的比那意义不完全的来得有趣而容易记得。例如：

①赵钱孙李；

②犬马牛羊；

③老鹰捉小鸡。

我们一看上面的三行字，就知道第二句的"犬马牛羊"比第一句的"赵钱孙李"容易解释，容易有印象，第三句的"老鹰捉小鸡"又比第二句的"犬马牛羊"还要容易了解，容易记得。这没有什么别的缘故，就是因为第一句的四个字是各个独立的，而对于小孩子没有意义；第二句的四个字是小孩子经验内的，就容易认识，然而不相连续小孩子还不容易记忆；第三句的五个字是可以代表整个的意义，小孩子就容易认识，容易记得了。所以字数的多寡是没有多大关系的。

（2）生字一定要在课文本身内练习

生字当然要练习，不过不一定要在课文本身内练习。现在的低年级国语教科书，一定要把生字在课文本身内练习，所以课文中的字句，有时候意义很不自然，而且不合儿童口吻，致发生种种弊病。我以为生字的学习不要限制于一课的里面，就学会一个字，常有许多意义，应当多方介绍给儿童生字的练习，最好用旁的方法去做，课文后可以多插各种有意义的练习题，或由教师用各种游戏的方法去练习生字。

（3）所有生字一定要小孩子认识记得

这种见解，我以为是错的，学习一个字要经过四到：

①耳朵——就是要听到一个字，就能了解它的意义；

②眼睛——就是要看见一个字，就能知道它的意义；

③嘴巴——就是要听到、看到或想到一个字，就能说得出、说得对；

④手——就是要听到、看到或想到一个字，就能写得出来。

学习一个字，经过这四种步骤就是普通所谓四到。这种学习步骤一般是有一定的程序的，初学的儿童，可以先教他用耳朵听，其次用眼睛看，其次用嘴巴说，最后用手写。初学的儿童对于课文的生字不必都要达到这四种目标，譬如某课中有十个生字，我们不必要求儿童每个字都会认得出，都会听得懂，都会说得来，都会写得好。假如十个字之中他能认识五个、写得两个，就足够了。

2. 字数页数太少。照现在编辑低年级国语教科书编者的心理说来，都以为小孩子的能力是很薄弱的，所以教科书的字数页数，就大减特减。其实我们太看轻小孩子读书的能力了。不过，照现在教的方法，每个字都要小孩子认识，都要小孩子会写，以及用现在的课文编制，那现在教科书的分量恐怕是够了，也许还会多。倘使我们用比较活动的方法去教，那书中的字数尽可以充分地增加，像美国麦美伦图书公司①出的一套《工作游戏读本》(Work-Play Book)著者是盖茨和休伯（Huber），为美国小学第一年用书，共用四本，另加字典一本，兹将书名列下：

《字典》(Dictionary)

《识字读本：彼得和佩吉》(Primer：Peter and Peggy)

《作业簿：彼得和佩吉》(Work：Book to Peter and Peggy)

《初级读本：一学年》(First Reader：Round the Year)

《作业簿：一学年》(Work：Book to Round the Year)

《初级读本：一学年》共有 163 页，字数 7 057 个，生字共 312 个，

----

① 美国麦美伦图书公司现译美国麦克米伦公司。——编者注

每个生字的重复次数是 26 弱。这一套小学一年级的书推算起来，大概在 300 页左右。

回看我国普通低年级国语教科书怎样？兹把各坊间所出的低年级国语教科书第一册的页数、字数、生字及每次平均重复数列表如表 2。

表 2　低年级国语教科书第一册字数页数的统计

书局名别	页数	字数	生字数	每字平均重复数
中华	48	976	197	5 弱
世界	50	1 294	258	5 弱
民智	46	1 421	187	8 弱
商务	49	2 242	210	10.7 强
儿童	153	6 896	495	13.1 强

照美国的《工作游戏读本》的标准看起来，我国教科书的字数、页数实在是太少了。

3. 字句没有多大意义。许多课文中，常常发生没有多大意义的字句。例如：

来唱歌，来唱歌，

弟弟唱，妹妹听。

4. 课文前后不一致。我们的低年级国语教科书，虽然说是一本书，其实课文常常前后不一致，使小孩子读起来莫名其妙。例如：

早上开窗一望，

"啊！好光明的太阳！好美丽的太阳！"

弟弟说："下雨了，怎么上学去？"

姐姐说："撑着伞上学去。"

这一课的第一句，是叙述语气，第二句是惊叹语气，说话的主题是谁，我们看不明白。第三句，"弟弟说：'下雨了，怎么上学去?'"这说话的主体是"我"了。这样没有鲜明一致的课文，小孩子看起来是不容易明了的。还有一点是刚刚说："好光明的太阳！好美丽的太阳！"接着就是弟弟说"下雨了，怎么上学去?"是事实上的不一致，更使小孩子莫名其妙。

这是一课课文中前后的不一致，这种还不常见。课文前后不一致最普遍的，还是说话口吻的不一致，如第一课是作者的口吻，第二课就是儿童的口吻；或第一课是儿童的口气，第二课又是第三者的口吻。例如：

(1) 太阳，太阳，照满窗上，

小朋友，小朋友，快快起床。

(2) 我的家，在山脚，

我的学校，在山上。

走上山去是学校，

走下山来是我家。

前一课，是第三者口气，对小孩子讲的话，后一课，是小孩子自己讲的话。照小孩子看起来，就不易明了，所以非有先生事先详细讲解不可。

5. 字句太单调，缺少生气。有好多低年级国语教科书，太注重音韵；有韵的儿歌固然便于小孩子的歌唱，但是运用很不自然，做得太呆板，或整本的教科书都用韵语，那小孩子读起来未免太单调，太没有生气。例如：

你唱歌，我踏琴，

踏琴唱歌，唱歌踏琴，

歌声好听，琴声好听。

这首歌谣，一方面是不合事实，因为普通的小孩子一般只会唱歌，而不会踏琴；另一方面字句太单调，没有多大意义。

6. 字句常常不合儿童口吻。试先举一例：

（1）地上好花开，

有的黄、有的红、有的白。

你来看，我来看，

人人看见人人爱。

小鸡小狗不爱花，

别把花儿来踏坏。

这虽然是一首儿歌，但是里面的话，似乎不合儿童的口吻，如"人人看见人人爱"便不是儿童所能讲的。

（2）爸爸妈妈，

哥哥姐姐，

大家爱我，

我爱大家。

妹妹年纪小，

常要妈妈抱，

我们很爱她，

她也爱我们。

这里"大家爱我，我爱大家"不是儿童突然能说出来的，这不过是成人代替儿童说话罢了。

7. 课文长短太呆板。现在低年级国语教科书的编者，已经感觉到不必规定一页一课了。从前的教科书，因为犯了这种毛病，所以课文中的意义常有割爱的地方，而文字方面，也不免牵强凑合。

8. 字句不能引起动作。低年级国语教科书的课文，应当是能够做的，不仅是读的看的，这一点我在前面已经说过。现在还有一点要补充的，就是平常课文中的字句，不能引起动作，有的字句看起来，好像小孩子能够做、能够动的，实际上小孩子还是不能够动，不能够做。例如：

（1）来洗面，来洗手。

这种命令式的语气，不能使小孩子去做。我们再看：

（2）早起，洗面，洗手，

吃早饭，吃完早饭，

取出书包，出门去。

这一课的叙述，平淡乏味，确实不能引起小孩子的动作来。而文字的呆板，也完全没有一点生气。

9. 字句不能刺激思想。普通低年级国语教科书的文字，是只可以让小孩子随口唱唱，而没有顾到小孩子思想的地方，这实在是一个很大的缺点，试举一例：

"妈妈，我不要小花猫再捉住小鸟，我要把它缚在树上缚住。"

"小孩子，不要把小花猫缚在树上，你想想看，有没有别的方法可以使小鸟知道小花猫来了。"

"哦！有的，有的，请你给我一个铃，我把铃缚在小花猫的头颈上，小鸟一听见铃声，就飞去了，小花猫就不会捉住小鸟了。"

像这种要小孩子思想的地方，给他一种很好的暗示，有些地方，应当故意在课文中假设问题，要小孩子想的，不要很明白地说出来。有些问题，要小孩子想，要小孩子解答的。

现在我们要编国语教科书，文字方面，除掉应当避免上面所说的九种弊病外，这里还有一点应特别提出注意的，就是课文要故事化。

怎样叫作课文故事化呢？我来举个例子，这个例子是笔者所编《儿童国语课本》（上海儿童书局出版）里面的。这课有 6 面，故事的名字叫作《乌龟上天》。现在把它介绍出来，以供大家参考：

乌龟上天

妈妈！

我来讲一个故事，

有一只乌龟，

想到天上去玩。

* * *　* * *

乌龟请鸡婆婆，

带它到天上去玩。

鸡婆婆说：

"我不能。"

乌龟请鸭公公，

带它到天上去玩。

鸭公公说：

"我不能。"

* * *　* * *

乌龟请鹅妈妈，

带它到天上去玩。

鹅妈妈说：

"我不能，我不能。"

乌龟请雁先生，

带它到天上去玩。

雁先生说：

"可以，可以。"

***　　***

雁先生找了一根棒，

叫乌龟咬在中间，

就带它到天上去。

小孩子看见了，

拍手喊道：

"一只大乌龟！

一只大乌龟！

大乌龟上天了！"

***　　***

乌龟听了，

很快乐，

就哈哈大笑；

嘴巴一开，

呼！掉下地去了。

***　　***

嘭的一声，

乌龟跌在地上；

四脚朝天，

一动也不能动了。

你看这课课文，多么生动，多么有趣，用故事化的文字，把鸡鸭鹅有翅不能飞的常识，很巧妙地介绍给儿童，最后找了很会飞的雁子，带它到天上去玩，因为骄傲的一笑，掉下地来，这是多有意思的一课。它根据了儿童心理，利用了儿童的好奇心；它顾到了社会的需要，介绍了动物常识和骄傲就会失败的教训。这是我们编国语教科书应当多多仿效运用的。

五、形式

教科书的形式从儿童的眼光看来是非常重要的。假使有两本书，编制文字都一样，一本有美丽的封面、有适当的大小、有彩色的插图、有鲜明的字体、有趣味的书名、有相当的页数，一本相反，小孩子无疑地喜欢前一本了。

美国彭勃格氏（Fberevee Eieau Bourlerger）曾经研究过"一本书要有怎样的形式，才能引起儿童选读的兴趣"。彭氏根据研究的结果，曾使两千个儿童评读本的形式，最后制成一张"低年级儿童用书形式评点表"。兹摘录介绍如下。

我们看了这张评点表以后，对于国语教科书的编法应当采什么形式，可以大致明白了。兹分别轻重，说明如下：

（一）插图

插图在评点表中，算最重要，它的总点占 38％，百分比最高。因为小孩子对图画特别感兴趣，故我们教科书插图，就非精细研究不可。究竟插图应当怎样呢?

第一，要注意插图的颜色。插图的颜色又是插图中最重要的部分，它的分数占总点 20％。颜色以温柔悦目、饱和鲜明而有深浅色调的为最好；其次则为夺目而饱和鲜明和对比悦目的色调；其次则为原色强烈而饱和的，非常鲜明而不触目的；再其次则为强烈触目饱和而鲜明的。

第二，要注意插图占全面的百分数。插图占全面的百分数最好是多于 50％，其次要多于 35％。因为插图面大，小孩子容易感到兴趣。

第三，插图要精细、夺目，排列要适当。

第四，插图要有特性。插图应当是滑稽的、有动物的、描写一个故事的。其次富于动作而有故事性的。

第五，插图大小要适当。

（二）封面

封面在教科书的形式中也占重要的地位，依上表来看，它的总点是 20％，百分比算次高。封面方面：

第一，要注意封面的颜色。封面的颜色最好是蓝色，其次为红色，再其次是黄色。封面的颜色，也占了总分数 10％，是很重要的。

第二，要注意封面画。封面画也很重要，它占了总分数 6％。

第三，要注意颜色的饱和和鲜明。

（三）内容的容量

内容的容量包括教科书的页数、故事数目和儿童习闻故事的分量。它在教科书的形式中，也和封面有同样的重要性。页数要多少才恰当呢？最好是 250 页到 300 页。故事数目要多少才合宜呢？最好是有 20 到 35 个。儿童习闻的故事应占多少呢？最好故事百分之百都是儿童所习闻的。至少儿童习闻故事应占全书故事分量 50％以上。

（四）书的大小

书的大小占总点 10％，也有相当的重要。小的书没有像大的书那样能够引起儿童的兴趣。低年级儿童最喜欢的书，其尺寸大约是 7 英寸半长、5 英寸阔、1 英寸厚。

（五）标题和页面

书的标题要怎样呢？最好是用好玩的地方来标题，如"在商店里"；其次是用包含神仙的故事来标题，或用有趣味的动作来标题，如"周行的世界"；再其次是用包含英雄的名词和包含器具的名词，如"石箭"。关于页面方面，我们要注意边缘的空白面积、每行的长短和每页的平均行数。

总之，教科书的形式影响儿童阅读兴趣是多方面的。各方面影响的轻重虽有不同，但我们必须处处都注意到。

六、结论

上面已经说得很多了，现在我提出几点特别重要的来总结一下：

（一）国语教科书的编制应采用一贯制或单元制，页课制应当绝对不用。

（二）课文的字数和页数应当比现在至少增加 3 倍。

（三）课文的编辑应特别注重。

（四）课文应当故事化。

（五）内容要有一贯的系统，不应把儿童的生活割得支离破碎。

（六）内容应当根据儿童心理而顾到社会需要，不应根据社会需要而忽略儿童心理。

（七）国语以常识作内容，文体要多变化，不要受常识的束缚，偏于叙述的体裁。

（八）国语教科书一定要有很多彩色的插图。

（九）国语教科书要有标准的封面。

（十）国语教科书的内容要注意"做"的原则。

以上十点，编国语教科书是应当特别注意的。

这里还有一般人对于国语教科书的几点误解，要附带提出来一下：

（一）以为提倡儿童兴趣的人即忽略了社会需要。

（二）以为动物的故事是全无意义的教育。

（三）以为国语教科书只要注重文字。

（四）以为儿童脑筋简单，故意把课文字句编得很短。

（五）以为儿童购买能力薄弱，故意将书印得很薄。

（六）以为儿童都是一样的，编书可以不分儿童的年龄和智力。

（七）书中的生字都要儿童认识。

以上几点，都是一些错误观点，我们应当竭力破除的。

国语教科书编辑问题 *

（一）编辑教科书与教师的关系

怎样编辑教科书？对每个教师都有切身的关系，因为教师时常要编订补充教材，供给儿童阅读。补充教材的编辑方法和编辑教科书是没有什么不同的，所以怎样编辑教科书，是每个教师都要知道的常识，而且对于实际应用是很需要的。

（二）中外国语教科书的比较

现在我们来看看美国的国语教科书是怎样的。

1. 比较旧式的（国语课本第一册）

（1）名称方面：有国语课本、国语卫生课本、国语美术课本、国语与户外常识、儿童自习课本等。

（2）全书页数：平均在 150 页上下。

（3）课文长短：每书第一课自 17 个字起至 4 页、6 页的均有。

（4）课文内容：大多是故事体裁，可使儿童表演。并有许多材料供

---

* 本文系陈鹤琴的一次讲话稿，由周详记。原载《大公报》出版界栏第 26 期（1947 年 4 月 6 日），有删节。载陈鹤琴著：《陈鹤琴全集》第四卷，江苏教育出版社 2008 年版，第 189—190 页。

给儿童练习，如着色、补图、改错等，变化多，非常有趣。

（5）插图：大半是五彩的，图的四周有框边围着。

（6）纸张：大多是用双用铜版纸，比道林纸①还要好。

（7）印刷装订：印刷精美，装订坚固。

2. 比较新式的

比较新式的美国国语课本，已将插图一项改变格式。原来是用边框把图画束缚着的，现已解放，把边框取消，变成无边式了。这样改革使那插图的意义更加深长，有无穷的意思。儿童看了，也就发生无限的思想。非但如此，且以插图为主，文字为宾。插图在书页里任意地发展，文字缘着插图曲曲折折而排列着。这样的排列，实在是最合儿童心理。儿童拿到一本书后，最急切的就是要翻阅书中的图画，看完了图画，儿童便要讨论图画里的意思，而引起读书的动机。所以教师不要叫儿童读书，而儿童自己已经很需要读书了，这样的排列，实在是有价值的。

3. 最新式的

现在美国最新式的教科书已经不分册数，把第一册、第二册的名称废止了，而以名称代替册数。比如这本书的内容，以某故事为中心的，就以某某故事的名称为书名。因为儿童看见书，重在书里的内容，与册数是没有关系的，这也很有意义。

回过头来，看看我们现在的国定国常课本，第一册全书页数共 43 页，比外国的第一册国语课本页数要少去 100 页以上。页数既少，里面的材料当然也不能丰富；至于纸张、印刷、装订等，两相比较，不知要

---

① 道林纸是胶版纸的旧称。——编者注

相差多少，处处都成问题。还有美国的儿童，每学期要读这样厚厚的国语课本 10 本，而我国的儿童，仅仅读薄薄的一二本，实在是觉得太少了！

（三）编辑教科书的几个重要关键

（1）课本当以整个思想为主体，不能以字的数量多少来限制思想。过去以字的数量多少定课文的深浅，这是错误的观念，我们要改正过来。

（2）字的容易认识与不容易认识，当以该字的意义、对于儿童有没有兴趣来决定，不可以字的笔画多少来判断难易。比如"龟"与"七"两个字，叫儿童认识，一定"龟"字先学会，因为儿童对于"龟"有兴趣，对于"七"没有兴趣。我们编辑国语教科书或补充教材时，于用字的标准，应根据儿童的兴趣和需要，字的笔画多少，是不必多考虑的。

（3）材料要现实化、科学化，能用事实表示者为最适当。对于神话方面要愈少愈好。

（4）课本要附着许多叫儿童自动做的材料，如补图、着色、填字、改错等等，以养成儿童自学的能力。

正课本编就后，还要编一本工作簿，对准正课本所需要做的材料而编排，以供儿童应用。

《儿童国语教科书》编辑大意 *

1. 本书系参照教育部最近颁布小学课程标准，并根据儿童心理、儿童生活编辑的，全部八册，专供小学国语读本之用。

2. 编辑主旨在：

（1）引起儿童阅读的兴趣。

（2）培养儿童自动的能力。

（3）启发儿童正当的思想。

3. 编辑方式：

（1）本书编辑从头到尾以儿童本身为本位，继续不断地演成一个大单元。

（2）本书大单元中共有 22 个小单元，每个单元之后都有几个练习题，借以引起兴趣，练习字句。

4. 本书内容：

（1）本书内容在质量方面非常有趣，在数量方面特别丰富，比普通

＊ 选自陈鹤琴、盛振声编：《儿童国语教科书》，儿童书局 1932 年版。

国语教科书增加 3 倍以上。

（2）本书插图完全白描，以便儿童自己着色；卷首卷尾都有大幅图画，作整个的指示。

5. 本书形式：

（1）文字横排，以便儿童阅读。

（2）注重意义，使儿童读了，有爱不释手之势。

为新编儿童国语教科书出版给采用者的一封信 *

采用本教科书者鉴：

这是编制最新的国语教科书，是分部的，可以互用的。

我国辖地辽阔，包含着长江流域（中部）、珠江流域和闽江流域（南部）及黄河流域和黑龙江流域（北部）。这流域和那流域的自然现象与生活状况都各有不同，因之各流域儿童的经验亦各有差异。编者为分别适应各流域儿童的经验，就把"初级小学用的国语教科书"分编三部：计儿童中部国语八册、儿童南部国语八册和儿童北部国语八册。各按各该流域实际的自然现象与生活状况，并遵照教育部新课程标准，分别切实编撰。各流域的初级小学可以采用各该流域者作国语课本，以求儿童经验的适应和学习心理的适合；兼可采用他流域者为国语的补充读本，以求儿童智力的扩大，并增进儿童学习的兴趣。这是本教科书编制的目的，也就是本教科书产生的真意义。

至编制方式力求新颖，课文与练习并重，文字与图画兼施。每册全

---

* 原载《生活教育》半月刊第 1 卷第 12 期（1934 年 8 月 1 日）。载陈鹤琴著：《陈鹤琴全集》第四卷，江苏教育出版社 2008 年版，第 162—163 页。

文组织成一个大单元，从一个大单元中分作若干个小单元；前一册的一个大单元又和后一册的一个大单元衔接一气，各以各该流域实际的儿童生活为出发点，竭力避免虚妄、神秘、怪诞诸弊害。

本教科书由编者和助编者们各就各该流域经过多次的实验，教学的效果，颇觉显著。谨以此贡献给初等教育界，作为儿童年的新礼物！教学的效果究竟怎样，还请采用者多多指教。

国定国语常识课本应怎样修订*

  小学国语常识课本，应当怎样编辑？这个问题，是当前国民教育的一个重要问题。

  现在国语常识课本，已由中央编辑，统一发行，使全国几千万儿童，都要修读了。

  国语常识课本是否要由国家统一？我们暂且不提，现在我们只讨论国定小学国语常识课本是否有修订的必要，要修订的话，应当怎样修订。

  现在我们来讨论怎样修订国定小学国语常识课本第一册。究竟修正得对不对？我也不敢武断，不过提供一些意见给大家参考罢了。

修订一

  一、原书课文面次：第 1 面。

  二、原书课文：原书第 1 面没有课文，只有一个未写字的家庭人物

---

* 原载《活教育》第 3 卷第 6、7 期（1944 年 12 月），有删节。

图景。

三、讨论要点：

1. 加添人物：原图应添一个男孩子一个女孩子进去，为什么呢？因为原书中间家庭人物，有爸爸、妈妈、哥哥、姊姊、弟弟、妹妹六个人物，其中有四个小孩子，照原书开始只有两个小孩子，到 29 面就有四小孩子，都是表示他们家庭里的人物，这小孩子看了，不会感觉莫名其妙吗？

2. 注明身份：图的旁边，应当注明爸爸、妈妈、哥哥、姊姊、弟弟、妹妹，以便引起儿童对于文字学习的兴趣。

3. 增加课文：课文是必须要有的。假使没有课文的话，小孩子就不会容易明了图中的意思，结果非要老师解释不可。

4. 用图说话：课文用什么方法使小孩子一看就能明了呢？唯一的方法就是"用图说话"。用"用图说话"来代替什么"妈妈说""爸爸说"一类的介绍语，因为这类的介绍语常常把课文的语气的力量减低了，把阅读者的情绪冲淡了。

四、修订后的课文与形式（如图 1）：

图 1　课本的插图 I

五、修订后的说明：

1. 课文是必要的：因为没有课文，小孩子不容易明了图中的意思，结果就非要老师解释不可。有时候老师的猜度，也会发生错误的。

2. 课文要特别清楚：课文不但要有，而且要写得清楚，一念出来，就要儿童能够明了。

3. 课文要特别注重意义：课文的长短，字句的多少，与儿童学习虽然有很大的关系，但最重要的，还是课文内容的意义。一课编得好不好，我们第一要问课文的意义是否合于儿童的心理，第二要词句语气是否合于儿童的口吻。

4. 普通人心理的错误：一般普通人的心理，以为儿童的脑筋很简单，学习能力很薄弱，就把一册的课文，特意编得很短，至于课文是否有趣，课文词句是否连贯一气，都不大十分注意，这实在是很大的错误。

5. 对于"用图说话"的说明：我从前要编儿童国语教科书的时候，为着想把课文使小孩子一看就明了，曾看遍欧美各国的教科书都找不出适当的方法。有一次我偶然看到上海的《大陆报》（*China Press*）上的连环图，我就喊起来说："好极了！好极了！这种方法，小孩子一看就明了，我何不把它采用来编辑国语教科书呢？"究竟是什么方法呢？就是我所说的"用图说话"。图怎样会说话呢？就是从说话人的口边，画出一个轮廓来，轮廓中写出说话人要说的话。这种方法，使小孩子一看见，就晓得话是哪个人说的了。

修订二

一、原书课文面次：第 2 面至第 3 面。

二、原书课文：

来来来！来上学。

好好好！来上学，大家来上学。

三、讨论要点：

1. 原文语气模棱两可：看原文的意思，"来来来！来上学。"这句话，是老师讲的，"好好好！来上学，大家来上学。"这句话，就有点疑问了。看上文像是儿童说的，但看起语句来，也像老师讲的。这种两可的语句去教儿童，儿童是不容易明了的。

2. 须加老师画图："来来来！来上学。"这句话既然是老师招呼小孩子说的，应当把老师的图画出来，图上还应表示招呼儿童的意思。

3. 说话要有礼貌："来来来"的字句上要加上"小朋友"三个字的称呼。下面"好好好"的前面，也应加一个"老师"或"先生"的称呼，这样的语句才有礼貌，也比较生动。

4. 语句欠婉转：问答的语气比直述的口吻来得婉转而有生气，直述的语气，含有命令的意味，原文却犯了这个毛病。

5. 语句要有力："大家来上学"这句话太平凡，如加上一个"都"字变成"大家都来上学"，语气似乎就有力多了。

四、修订后的课文（如图 2）：

图 2　课本的插图 Ⅱ

修订三

一、原书课文面次：第 4 面。

二、原书课文：

大家看新书，新书真好看。

附图中有"坐要坐好""立要立好"。

三、讨论要点：

1. 内容空洞：原文第二句话"新书真好看"是没有内容的。新书好看在哪里？没有说出来，儿童读物最怕空洞，最怕没有显明的意义，抽象的、笼统的叙述，在儿童看起来，是极不容易了解，也不感觉有兴趣的。

2. 缺少图画：小孩子欢喜图画，书中不可没有图画以减低小孩子对书本的兴趣。

3. 附图与本课毫无关系：附图中"坐要坐好""立要立好"两个图

两句话，与本课毫无关系，插在里面，反而使小孩子莫名其妙。

四、修订后的课文：

4. 小朋友，这里有新书，大家都来看，新书有图画，图画真好看。

5. 老师，有什么好看的图画，我们可以看看吗？小朋友，这个图画好玩得很，图上有五只蝴蝶，你们找得着吗？（如图3）

图3　课本的插图Ⅲ

6. 小朋友！这张图还要好玩：小老鼠，上灯台，偷油吃，下不来，叫妈妈，妈不在，骨落骨落滚下来（如图4）。

图4　课本的插图Ⅳ

7. 老师，我喜欢画图，请你给我画一张。老师，我也喜欢画图，请你也给我画一张图。老师，我也喜欢画图，我也可以画一张吗？

8. 好，好，好，小朋友，你们都来画，这里有许多图画，很好玩。个个图画都缺少一样东西，你们把他画出来。

9. 这只老雄鸡，没有嘴，不会啼，你来画一张。这头大黄牛，没有尾巴，不会赶苍蝇，你来画一条（如图5）。

图5　课本的插图Ⅴ

10. 这匹小红马，没有耳朵，不会听声音，你来画一对。这个小孩子，没有眼睛，不会看东西，你来画两只。

11. 这只老黄狗，没有鼻子，不会闻东西，你来画一个。这只小花猫，没有前爪，不会捉老鼠，你来画两只（如图6）。

图6　课本的插图Ⅵ

12. 这只大乌龟，没有脚，不会爬，你来画四只。这只小白兔，没有后腿，不会跳，你来画两只。

五、修订后的说明：

1. "做"的重要："做"是学习中一个最重要过程，小孩子从"做"中，可以得着实际的经验，小孩子从"做"中，可以得到无穷的兴趣。

2. 新旧教科书的不同：旧的教科书，必定要老师讲解，儿童才能够明了；旧的教科书只要儿童用耳朵听听，用嘴念念。新的教科书不要老师讲，儿童能够自己看；新的教科书不但要儿童在教室里"做"，还会引起儿童在课外自动的学习、自动的研究。这里修正的一课，就能够做到"做"。书中的图画，都画得不完全，要小孩子填上缺少的东西。这样一填，小孩子不但对于所画的图，感到很大的兴趣，而且对于图画所指示的实物，也会格外明了而发生极大的感情的。

3. 增加了课文：这里有一点应特别声明的，就是增加了课文。原文只有短短的两句话10个字，像这样短的课文，不容易写出很好的内容，来引起儿童的学习兴趣的，所以这种教科书必定要一本"教学指引"，来把这些干燥无味、空洞抽象的课文充实起来。这样的课文，实与一篇文章大纲或一个故事的标题没有两样。修订后的课文，与原文就大不相同了，内容比较充实，描写比较具体，文字比较生动，从1面的课文变成了9面，从11个字扩充到212个了。

修订四

一、原书课文面次：第5面至第6面。

二、原书课文：

去去去！大家去游戏，游戏真有趣。

看书真有趣，游戏也有趣，我天天上学去。

三、讨论要点：

1. 文字内容空洞："游戏"是一个空洞的词，故文字内容，又犯空洞的毛病。

2. 口气模棱两可："去去去！大家去游戏，游戏真有趣"这三句话可以说是老师讲的，也可以说是儿童自己说的。

3. 命令语气："去去去！"这句话，假使是老师讲的，那么这句话有命令的意味。

4. 用词太笼统：这里有很多好玩的游戏，应当具体地说出来，我们不应用笼统的名词来概括一切。

5. 时间、空间都脱节："看书有趣、游戏也有趣，我要天天上学去"是儿童在家里说的语气，看课文的组织，前面两课及本课的上段全是描写学校的情形，故儿童接连应当在学校中说话，若要在家中说话，那课文的前面，应当加以说明，不应突如其来使小孩子莫名其妙。

四、修订后的课文（图式略）：

13. 小朋友，这里有秋千，有滑梯，有皮球，有铁环，大家快来玩，大家快来玩。

14. 老师，我来荡秋千。老师，我来滚铁环。老师，我来拍皮球。老师，我来溜滑梯。

15. 小朋友，我来教你们唱歌：

小皮球，真顽皮，不打它，它不理，一打它，它就跳起，小皮球，真顽皮。

16. 荡秋千，荡秋千，荡得高，荡得低，荡秋千，荡秋千，荡到东，荡到西，荡，荡，荡，荡东，荡西，高高低低。

17. 小孩子，你们回来了，学校里有趣吗，妈妈，学校里真有趣呢，唱有趣的歌，看有趣的书，画有趣的图，做有趣的游戏，我们要天天上学去。

五、修订后的说明：儿歌是小孩子最欢喜唱的，我们应当多多介绍有趣味有内容的儿歌。

修订五

......

修订六

一、原书课文面次：第 10 面至第 11 面。

二、原书课文：

美丽呀！青草里开着一朵红花，弟弟跑去看，原来不是红花，是大公鸡的鸡冠。

附图中有"纺纱娘""蟋蟀"5 个字。

三、讨论要点：

1. 说话人不清楚："美丽呀！青草里开着一朵红花"不知是哥哥讲的，是弟弟讲的，还是姐姐妹妹讲的。

"原来不是红花，是大公鸡的鸡冠"这句话也弄不清楚，不知是弟弟讲的，还是第三者说的。

2. 课文变化太多。这一课短短三句话，就有三种变化：第一是惊叹语气，第二是描写事实，第三是叙述口吻。所以教师教起来非常得困难，儿童学起来，也不容易了解。

四、修订后的课文：

25. 小弟弟，你看！在那边青草里不是开着一朵红花吗？好！大姊姊！我跑去看一看。

26. 啊！大姊姊，你看错了，不是一朵红花，原来是大公鸡的鸡冠，你快来看！

五、修订后的说明：

1. 这一课完全是大姊姊与小弟弟的对话。

2. "你看"这两个字一加，整个语气变成生动有劲。

3. "你看错了"这 4 个字是非常重要的。这样一说，一面引起下文，一面针对上句的错误。

4. 用直接语气"好，大姊姊，我跑去看一看"，比"弟弟跑去看"第三者的口气，间接的叙述，有力多了。一个是死的，一个是活的，一个是直接的，一个是间接的。

修订七

一、原书课文面次：第 12 面至第 14 面。

二、原书课文：

早上，开窗一望，啊！好光明的太阳！好美丽的太阳！

弟弟说："下雨了，怎么上学去！"姊姊说："撑着伞上学去。"

晚上，月亮出来了。妈妈说："啊！好月亮，你们快来看。"

三、讨论要点：

1. 没有主角。"早上，开窗一望"，究竟是谁开窗？谁望？我们从课文中看不出来，也猜不出来。

2. 语气不接。"啊！好光明的太阳！好美丽的太阳！"是直接的语气，与上面"早上，开窗一望"不相密接。

3. 缺乏标点符号。"啊，好光明的太阳!"是一句有人说的惊叹语，假使加了标点的话，编书的人，一定会感到这句话究竟是什么人讲的，而且也会同上头一句设法连起来，像"早上，姊姊开窗一望，喊起来说:'啊! 好光明的太阳! 好美丽的太阳!'"这样课文就通了。

4. 课文内容矛盾。刚刚说早上出太阳，天气很好，接着"弟弟说下雨了，怎么上学去?"天气虽说变化莫测，但是绝对没有这样快，纵令有，也不是常态。

四、修订后的课文:

27. 大哥哥! 大哥哥! 快点起来，快点起来! 你来看太阳! 你来看太阳!

28. 好! 我起来，我来看，啊! 好光明的太阳! 好美丽的太阳!

29. 小孩子，太阳真美丽，太阳真光明，我有一个很好听的"太阳歌"，你们喜欢唱吗?

30. 妈妈，好的! 好的! 你教我们，你教我们。

太阳! 太阳! 美丽的太阳，太阳一出。全身舒畅，太阳! 太阳! 光明的太阳，太阳一出，满地烁亮。

31. 小孩子! 小孩子! 快出来看，快出来看，月亮出来了，月亮出来了。

爸爸! 月亮真可爱呢! 看起来一点也不触眼睛。

32. 小孩子，我来唱一首月亮歌:

月亮儿，真顽皮，有时看看像镜子，有时看看像梳子，有时圆圆，有时半边，有时一点看不见。

33. 大姊姊，今天下雨了，怎么上学去?

小弟弟！你忘记了吗！我们不是有雨伞吗！

五、修订后的说明：

用适当的人说话。开始用小弟弟的口气把整个的内容引说出来。为什么要用小弟弟来开始呢？因为小弟弟比较天真。为什么要喊大哥哥呢？因为"啊！好美丽的太阳！好光明的太阳！"这两句话要大哥哥才说得出来。

修订八

从本修订起，以后只介绍原来课文与修订后的课文，关于"讨论"和"说明"两项，权时从略了。

一、原书课文面次：第 15 面。

二、原书课文：

哥哥和弟弟，一同吃梨，弟弟拿小梨，弟弟说，我是小弟弟，应该吃小梨。

三、修订后的课文：

34. 今天爸爸买了许多梨，有大的，有小的，我们大家来吃好吗？妈妈，我来分好吗？

35. 小的先拿，小妹妹你年纪最小，你先拿。

谢谢，姊姊，我拿一个顶小的。

36. 小弟弟，现在你拿了，你喜欢大的呢，还是喜欢小的？

谢谢姊姊，我也拿一个小的，我年纪也很小。

37. 大弟弟现在你拿了，你喜欢大的，还是喜欢小的？

谢谢姊姊，我也拿一个小的，大的送给爸爸妈妈吃，大人吃大梨，小孩吃小梨。

38. 小孩子，你们都很好，你们不单单想到自己顾到自己，你们也能想到别人顾到别人，我来讲一个故事给你们听。

39. 从前有一个小朋友名字叫作孔融。有一天爸爸买了许多梨来，就叫孔融分，孔融把大的送给哥哥姊姊，自己拿了一个小的。

40. 爸爸问孔融说："你为什么拿一个小梨呢?" 孔融说："爸爸，我年纪小应该吃小梨，哥哥姊姊年纪都比我大，应该吃大梨。"

41. 小孩子，你们晓得孔融多大呢? 他只有 4 岁，你们想想看，这样小的年纪就晓得这许多了，不是很好吗?

修订九

一、原书课文面次：第 17 面至第 19 面。

二、原书课文：

农夫种稻，十分辛苦，我们吃饭，谢谢农夫。

农夫种麦，十分辛苦，我们吃面，谢谢农夫。

爸爸种的菜，长大了，妈妈拿来，煮了一大碗，爸爸吃了，说自己种的菜好吃。

三、修订后的课文：

42. 爸爸，来吃饭，饭烧好了。

好，来了啊，饭香得很，妈妈真能干，饭烧得这样好。

43. 妈妈，谢谢您! 没有您，哪有这样香的饭吃?

小孩子，我们要谢谢农夫，农夫种稻，十分辛苦。

44. 小孩子，妈妈会烧饭，我会做面呢！

爸爸，面怎样做的？请您做做看。

45. 好，我来做，我来做，大哥哥你把那边的面粉拿过来。

爸爸这面粉是什么东西做的。

46. 小弟弟，面粉是小麦做的，麦是农夫种的，农夫种麦十分辛苦，我们吃面，谢谢农夫。

47. 小孩子，爸爸真能干，爸爸还会种菜，什么青菜、菠菜，什么萝卜、黄豆，爸爸都会种。

48. 妈妈，您也能干！您会烧饭，您会煮菜，我也要学学看，请您教我。

好，大姊姊，我来教你烧饭，我来教你煮菜。

49. 饭是不容易烧的。有的人家不会烧，烧出来的饭，不是烂就是生，不是焦就是硬，还有半生不熟，真难吃呢！

50. 妈妈您怎样烧的？您烧出来的饭，不烂也不生，不焦也不硬。

还有香气扑鼻，真好吃呢！

51. 大姊姊我来告诉你："烧饭要用水的，水放得太多饭就会烂，水放得太少，饭就会硬；烧饭要用火的，火烧得太少饭就会生，火烧得太久饭就会焦。"

52. 水怎样算不多不少呢？一碗米两碗水，火怎样算不少不久呢？烧半小时，闷半小时，今天我们吃的饭，就是这样烧的。

53. 妈妈您教大姊姊烧饭，请您也教我，我也学学看妈妈，小哥哥可以烧饭，我也要烧烧看。

好！我都教你们。

54. 妈妈，快来看！爸爸种的菜都长大了，啊！菠菜长得这样大了，青菜长得这样大了，萝卜也长得这样大了，我们来拿点回去烧烧吃。

55. 妈妈，我来割青菜。

妈妈，我来拔萝卜。

妈妈，我也割菠菜。

妈妈，我也要拔萝卜。

好，可以！可以！个个人，割一棵青菜，拔一个萝卜，割几株菠菜。

56. 爸爸，菜烧好了，饭煮好了，快来吃！快来吃！

啊，好得很，好得很，菠菜烧豆腐，炒青菜，萝卜汤，自己种的菜真好吃。

修订十

一、原书课文面次：第 20 面至第 27 面。

二、原书课文：

爸爸喂小鸡，小鸡喂大了，卖了鸡，买小羊。爸爸喂小羊，小羊喂大了，卖了羊，买小牛。爸爸喂小牛，小牛喂大了，教它去耕田。

弟弟爱公鸡，妹妹爱母鸡。弟弟说："公鸡叫我早起，我爱公鸡。"妹妹说："母鸡生蛋给我吃，我爱母鸡。"

有个谜语，你猜，拿不起，切不开，浇花洗衣煮饭菜都要请他来。

大公鸡　喔喔啼　我们听了都早起　哥哥洒水我扫地　弟弟妹妹擦

桌椅。

早上公鸡叫　大家起得早　起得早　身体好　天天要起早。

你要身体好　早上起得早　晚上睡得早　你要身体好　天天要早操
常常要洗澡。

早上到学校　看见老师　说　老师早　看见同学　说你早啊。

老师给我一册书　我用双手去接　老师笑着说　你真有礼貌　你是
我的好学生。

三、修订后课文：

57. 小孩子，谁喜欢喂小鸡？

爸爸，我喜欢喂小鸡。

谁喜欢喂小羊？

爸爸，我喜欢喂小羊。

谁喜欢喂小牛？

爸爸，我喜欢喂小牛。

58. 爸爸，哪里来的小鸡？

爸爸，哪里来的小羊？

爸爸，哪里来的小牛？

小孩子，我来告诉你们：我先去买许多小鸡，姊姊喂小鸡，小鸡喂
大了，卖了鸡，买小羊。

59. 弟弟喂小羊，小羊喂大了，卖了羊，买小牛，哥哥喂小牛，小
牛喂大了，我教他去耕田。

小孩子，这个法子好不好？

爸爸，这个法子很好，我们来做做看。

60. 爸爸，姊姊喜欢小鸡，我喜欢大公鸡，公鸡叫我，我可早起。

爸爸，弟弟喜欢大公鸡，我喜欢老母鸡，老母鸡天天生蛋给我吃。

61. 小朋友，我来教你唱歌：

大公鸡，喔喔啼，我们听了都早起，哥哥洒水我扫地，弟弟妹妹擦桌椅。

62. 早上公鸡叫，大家起得早。

起得早，身体好。

我要身体好，每天要起早。

63. 你要身体好，早上起得早，晚上睡得早，你要身体好，天天要早操，常常要洗澡。

64. 小朋友，我还有一个谜，请你猜一猜：

拿不起，切不开，浇花，洗衣，煮饭菜，都要请他来。

这是水。

65. 小朋友，水有河水、井水，有泉水、自来水，老师！河水、井水有什么用处？

泉水、自来水可以吃吗？

66. 小朋友，我来告诉你：

河水是脏的多，只好洗洗东西。

井水很好的，冬暖、夏凉。

泉水、自来水最清洁。

67. 爸爸妈妈，学校放了学。

今天老师教我们唱歌。

教我们猜谜，歌唱会了，谜也猜出了。我们很快乐。

68. 小孩子，你们早上到学校，看见老师说"老师早"吗？

爸爸，我们看见老师说："老师早！"

老师看见我们说："小朋友早！"

69. 老师给我们一册书，我用双手去接。

老师笑着说："你真有礼貌，你是我的好学生。"

我听了很快乐。

修订十一

一、原书课文面次：第29至第34面。

二、原书课文：

爸爸妈妈　哥哥姊姊　大家爱我　妹妹年纪小　常要妈妈抱　我们很爱她　她也爱我们

我家有几人　请你数一数　爸爸种田　妈妈织布　我和哥哥姊姊到校来读书　妹妹年纪小　在家学走路

摇摇摇　来把船儿摇　摇到外婆桥　外婆叫我好宝宝　问我爸爸妈妈好不好　我说　爸爸好　妈妈也好　外婆听了眯眯笑

从前有一个小孩　名叫黄香　他很孝顺爸爸　爸爸也很爱他

夏天　他把席子扇凉了　再请爸爸去睡　冬天　他把被窝睡暖了再请爸爸去睡

这是我的家　我十分爱他　池里养着鱼　园里种着花　四面有田地种豆又种瓜

三、修订后的课文：

70. 小朋友，你家里有什么人？老师，我家里有几个人，请您数一数：

爸爸种田，妈妈织布，我和哥哥姊姊一同上学校，妹妹年纪小，到幼稚园里玩。

71. 小朋友，你家里还有什么人？

老师，还有许多呢！

祖父、祖母、伯父、伯母、叔父、叔母，他们都很爱我，我也爱他们。

72. 小朋友，你家里有什么亲戚？

老师，我家的亲戚很多：

外祖父、外祖母、舅父、舅母、表兄、表弟、表姊、表妹。

他们都很爱我，我也爱他们。

73. 老师，我的家也很好，我十分爱他。

池里养着鱼，园里种着花，

四面有田地，种豆又种瓜。

74. 我家养着一只小黑狗，一只小花猫，一只大公鸡。天天我喂狗，喂猫，也喂大公鸡。狗会守夜，猫会捉老鼠，大公鸡会叫人早起。他们都会做事，我很喜欢他们。

75. 小孩子，今天我来教你们唱歌：

小小船，快快摇，一摇摇到外婆桥，外婆叫我好宝宝，还有饼儿还有糕，我就谢谢外婆吃个饱。

76. 祖母，这首歌很好听，我们很喜欢唱，您有好听的故事吗？

好，我来一个给你们听，从前有一个小孩子，名叫黄香，他很孝顺爸爸，爸爸也很爱他。

77. 夏天，他把席子扇凉了，再请爸爸去睡。

冬天，他把被窝睡暖了，再请爸爸去睡。

课文修订到此为止，以后不再修订了，本书应当改进的地方，总括起来，约有下列几点：

1. 课文要重视意义，要以意义为主，不要以文字为主。

2. 课文内容要根据儿童心理顾到社会需要，不要根据社会需要而忽略儿童心理。

3. 一个单元的课文要前后衔接一贯，最好故事化。

4. 文字要求生动活跃有力。

5. 要增加小孩子"做"的课文。

6. 语句要求合乎儿童口吻。

7. 不要用命令式的语气。

8. 不要用笼统的词来代替具体事实。

9. 不要用模棱两可的语句。

10. 可采用"用图说话"的方式，图旁注明身份。

以上十点，作为作者对本书修订的建议，至于作者所修订的课文，因为没有多的空闲时间去详细研究，草率的地方，在所不免，不过提供大家参考罢了。

《分年儿童图画诗歌》编辑大意 *

（一）诗歌是儿童欢喜阅读的。自然，教师应该尽力地去指导儿童阅读。不过教师指导阅读诗歌，往往发生两大困难：（1）选材不易切合程度；（2）适合时令的材料一时不易搜集。本书按照程度和时令斟酌分量，分别选编，即以解除这两大困难。

（二）本书共计十二册，前四册供小学低年生用，中四册供小学中年生用，后四册供小学高年生或初中学生用。

（三）本书材料，系从 100 多种刊物精选出来的。唯诗歌材料，类多陈义高深，不合低年生阅读，所以本书前四册所选的，多把原文改作，期使化深为浅，适合程度。中四册也有几处删改。

（四）本书选材标准有下列几项：

（1）有欣赏价值的；

（2）文字明白浅显、自然流畅的；

（3）音韵调和的；

---

* 选自陈鹤琴、宋文秉、宗振寰合编：《分年儿童图画诗歌》，儿童书局 1931 年版。

（4）能开发思想的；

（5）能陶冶德性的。

（五）本书补插图画，以便儿童从欣赏图画入手，同时引起研究文学的兴趣。

（六）本书每篇文字中，遇有较艰生的词句，均加注释于篇末，使儿童易于领悟，免致减少阅读的兴味。

《四季故事唱歌集》序言 *

故事是个个小孩子喜欢听的，唱歌也是个个小孩子喜欢唱的；但是故事同唱歌，在儿童生活上常常是分离的。小孩子听故事的时候，就没有歌唱；唱歌的时候，就没有故事听。

英国有一位儿童歌曲专家，叫作 Louie E. De Rusette，把故事和唱歌打成一片，对于儿童教育开辟一条新途径，这是很值得介绍的！他编了一本故事唱歌集，原书叫 *Dulcimer Stories*。

在故事里面穿插很生动的歌曲，做教师的或是做父母的，可以把故事讲一段，唱一唱，再讲一段，再唱一唱。同时小孩子听了故事，也可以跟着唱唱。这种教学是活的，是有声有色的，是适合儿童心理的。

现在，我根据这种意思，把原书摘译出来，供诸同好。其中歌词与故事有与我国情形不同的地方，特加删改。

---

* 选自 Louie E. De Rusette 著，陈鹤琴主编，屠哲梅、陈尧圣编译：《四季故事唱歌集》，儿童书局 1934 年版。

《小学自然故事》编辑大意[*]

一、编辑旨趣

（一）精选代表事物，切合课程标准；

（二）丰富教材内容，提高教学效能。

二、编辑体裁

（一）用生动的"导言"，引起学生研究的动机；

（二）用"观察""实验"的方法，灌输学生科学的知识；

（三）用"问题式"的讨论，发展学生的思考力；

（四）评述"参考材料"，补充讨论的不足；

（五）附"测验题"，考查学生所获得的经验；

（六）附"参考书"，供给学生自修和参考之用。

---

* 选自陈鹤琴、陈选善主编：《小学自然故事》，民众书店 1939 年版。

三、本书用法

（一）本书各单元分册装订，俾使自由选用；

（二）本书以"做"为中心，指导学生在"做"里求真理；

（三）另编指导书，详载本书的教学方法。

40 册书名如下：

第一组：①《空气的压力》；②《火怎样会烧起来》；③《为什么要呼吸》；④《我们的呼吸器官》；⑤《日常用的水》；⑥《天气的变化》；⑦《植物怎么生长》；⑧《食物的来源》；⑨《食物与营养》；⑩《调味品》。

第二组：⑪《我们的消化器官》；⑫《光的研究》；⑬《怎样学照相》；⑭《我们的眼睛》；⑮《热的研究》；⑯《我们的衣服》；⑰《我们的房屋》；⑱《机械之母》；⑲《太阳和星球》；⑳《我们的地球》。

第三组：㉑《日蚀月蚀潮汐》；㉒《我们的身体》；㉓《常见的鸟兽》；㉔《奇怪的磁石》；㉕《伟大的电》；㉖《电铃和电话》；㉗《电光和电热》；㉘《声音的研究》；㉙《我们的耳朵》；㉚《文字的传达》。

第四组：㉛《电话》；㉜《无线电》；㉝《筑路造桥》；㉞《各种车辆》；㉟《轮船》；㊱《飞机》；㊲《怎样预防传染病》；㊳《普通的疾病》；㊴《常备的药品》；㊵《生物的进化》。

小学低年级常识教学纲要经过 *

小学低年级常识教学纲要，于民二十二（1933 年），由工部局华人教育处聘请工部局北区小学教师编订，至民二十八（1939 年）暑假修正完成。兹将经过情形，分述于下。

编订修正

民二十二秋季，工部局北区小学，顾竹君、沈定瑛、顾静仁、唐佩珍、葛鲤庭五位先生，依据教育部《暂行标准》，编订低年级常识教学大纲；试行 2 年，经过几次修正。见《教育杂志》第 27 卷第 1 号"小学常识教学问题"）。民二十五（1936 年）依据《修正标准》，并参照工部局教育处编订的《常识教学单元》及我国现状，编订低年级常识教学纲要。民二十八暑期修正完成。兹由《小学教师月刊》印行，希望全国教育界，共同试验研究，以备将来再行修正。

---

* 原载《小学教师》第 1 卷第 6 期（1939 年 9 月）。

时间支配

一年级教学纲要，暂定 15 个单元，二年级 13 个单元；每一单元，教学时间的支配，以两星期至三星期为标准，如内容充实，得延长至一个月。

单元名称

一年级：（一）秋天；（二）家畜和家禽；（三）蔬菜；（四）冬天；（五）春天的植物；（六）养蚕；（七）养蝌蚪；（八）麦；（九）气候；（十）夏天；（十一）城市；（十二）乡村；（十三）国庆；（十四）我们的学校；（十五）植树节。

二年级：（一）火的进化；（二）水；（三）我们的身体；（四）鱼；（五）房屋；（六）春天的虫鸟；（七）衣服；（八）最古时候的人；（九）冷地方的人；（十）热地方的人；（十一）行的研究；（十二）黄花岗；（十三）我们的国家。

纲要项目

（一）教学单元；（二）教学要项；（三）教学方法；（四）教便物参考书；（五）补充读物。

教学实施

准备事项：

（一）研究教学纲要，如何利用机会引导儿童学习。

（二）调查学校附近可资教学的材料和场所。

（三）搜集参考书报，加以研究；搜集并购配儿童读物。

（四）调查校内原有的实物、标本、模型、排图、试验、仪器，以及可供利用的一切环境和设备。

（五）设想可以购置的教学用实物，以及可向儿童征集的实物等。

（六）统观教学时间的支配，拟定每周的一个中心及每次为一个中心的教学进程以及教学方法。

注意事项：

教学进行中要顾到儿童兴趣、学习经济、各科联络等方面，对于下列几点，特加注意：

（一）引起动机后，尽让儿童提出问题，设计进行计划，甚至抛弃了自定进程的大半亦所不惜。竭力采用设计教学、问题教学的精神和方法，以谋符合儿童的需要，发生自然的兴味中心。

（二）出外观察调查，事前接洽妥当。教学时间的支配，随着儿童学习的便利，活用原定的日课表。

（三）常识科须与各科充分地联络。各科如由一教师担任，可以变更原定各科时间，依着设计进行教学；各科如由其他教师担任，由常识科教师通知各科教师。

教学实施报告：单元——蔬菜研究

教学目的

1. 知道常吃蔬菜的种类和形状；

2. 知道各种蔬菜的功用；

3. 知道白菜种子的形状；

4. 知道白菜下种的方法和时期；

5. 知道白菜下种后的工作；

6. 知道农人和菜贩的卖菜；

7. 知道远方、近方运菜的方法；

8. 知道小菜场和居民的关系。

教师准备

（一）教具和教材

1. 实物——青菜，菠菜，苋菜，芹菜，葱，韭菜，萝卜，番薯，芋头，茭白，辣椒，茄子，秤，篮，磨和煮豆腐浆用具，菜子，肥田粉，农作用具。

2. 挂图——蔬菜挂图，地下茎挂图(《晨报》)。

3. 课文——《我们的蔬菜》，幼童文库；《拔萝卜》，《儿童国语课本》第四册；《兔子偷菜》，《儿童国语课本》第四册。

（二）参考书

1. 世界《初小自然教学法》第一册；

2. 复兴《自然教学法》第四册；

3. 世界《常识教学法》第五册；

4. 复兴《常识教学法》第三册。

教学进程

第一次——九月十五日 90 分

中心——参观小菜场

1. 从询问儿童饭食，引起动机；

2. 决定研究蔬菜；

3. 从讨论决定参观"爱而近路"小菜场；

4. 带篮和秤在小菜场上购买几种蔬菜；

5. 调查蔬菜的价目；

6. 计算买到各种蔬菜的价钱（算术科联络教学）。

第二次——九月十六日 60 分

中心——研究小菜场

1. 小菜场和居民生活关系；

2. 小菜场开放时间。

《儿童歌曲》介绍语*

  说来奇怪，小孩子先会唱歌后会说话的。五六个月大的小娃儿一听见别人唱歌，也会开着嘴儿张着喉咙，"矮（读"啊"，下同——编注）—矮—矮"地歌唱。一到十来个月，他能唱得高高低低自成曲调了。一岁多点，他会一个人咿咿矮矮，忽高忽低，忽大忽小，自唱自听，着实自得其乐呢！歌儿个个小孩子喜欢唱的。

  百年前幼教鼻祖福禄培尔深明这种儿童的心理就做了一本书，叫作《母亲歌》（*Mothers' Songs*），这本书是什么书呢？里面有许多儿歌，做母亲的可以唱给儿童听，教儿童学的。经福禄培尔这样一提倡，幼稚园里的小朋友，就有儿歌可唱了。渐渐地小学生也有音乐可享受了。

  我们中国古时候，就有音乐一科的，孔子不是提倡六艺教育吗？音乐就是六艺之一，不过那时候的音乐是庙堂用的音乐，恐非儿童所唱所听的音乐！虽然如此说，但人人喜欢音乐的心理、音乐的用处，我们的古代圣贤早已深切了解呢！音乐可以培养人格，陶冶情感。忧闷的时

* 选自钟昭华编，陈鹤琴校：《儿童歌曲》，江西教育用品出版社 1943 年版。

候，一唱歌，一弹琴，忧闷就会不知不觉地消散了。快乐的时候，一唱歌，一弹琴，快乐的情绪自然更加浓厚了。所以快乐的儿童就会独自歌唱，一听见音乐也就会唱起来的。

但唱什么歌儿呢？这个问题倒很重要。钟昭华女士对于幼教颇具经验，经过两年半的试验，选集了儿歌百首。这是儿童的音乐粮食。这是培育幼苗的精神甘霖。故特为之介绍，希望做幼稚教师、低年级教师、家庭的父母个个人手一册，以资参考而利教学。

《少年英文诗歌》卷头语 [*]

三个月的婴孩，就能发出咿呀的声音，这种声音，便有节奏的意味。一两岁的孩子，说话虽不完整，但是简单的歌谣，能很自然地唱出。可知小孩子从小就喜欢歌唱的。

小孩子为什么喜欢歌唱？因为诗歌是有韵律的，容易学，容易唱，而且学起来，兴趣浓厚。所以世界各国，都有流行的童谣诗歌。

教育家根据儿童学习的心理，便将儿童诗歌，编为教材，借以增进学习语言文字的兴趣。如用英文诗歌教中国学生学习英文，自然也可收到同样的效果。

最近我编了两本英文诗歌：一本叫作《儿童英文诗歌》，专为初学用的；一本叫作《少年英文诗歌》，专为学过一二年英文的学生用的。

这两本书的材料多采取英美各国著名的儿童诗歌，内容力求适合我国儿童生活的环境，可供小学高年级及初中学生英文科补充课本之用。

＊ 选自陈鹤琴编：《少年英文诗歌》，世界书局 1939 年版。

《最新英文读本》新版自序 *

《最新英文读本》（*New English Readers*），是作者 10 年前所编印的儿童英文读本，全部共 4 册，自出版到今天，曾再版 30 多次，现在又将再版，所以，趁这个机会来做一个简单的说明，借资教者与学者的参考。

在我国，教科书的编辑一向是不大引人注意的，尤其是英文课本，问题更多。现在我们就编制与教学两方面分别予以检讨，看看以往的情形究竟有些什么问题。

就编制的方式来说，过去的英文课本大都采用页课制或翻译制。

所谓页课制，就是说"一页限于一课，一课也限于一页"的那种教科书的编制，我国旧式的教科书，都属于此种，这种编制有什么问题呢？

1. 上下课文毫无联系。大凡儿童对于有关联的文字总比没有关联的文字来得感兴趣，易记忆；若上下课文毫无联系，不但儿童不发生兴趣，反而增加儿童记忆的困难。

---

* 本文是陈鹤琴为 1947 年重版的《最新英文读本》写的序。

2. 自学困难。页课制课文常常是突如其来的，老师假使不先来解释，儿童就摸不着头脑，因此要儿童自己去学习就特别困难。

3. 文字限制内容。在这种页课制中，课页与字数都支配了课文的内容，有时候编者虽有很好的意思，但因限于文字的运用，便无法把它写述出来，以致内容有贫乏的感觉。

4. 着重单字。课页的编制是以字作单位的，并非以句子或意义为单位，结果课文只是许多单字、生字的堆砌，一眼看去是枯燥无味的，其错误就是违反了兴趣的原则。

5. 违反学习心理。在目前心理学的发展中，大家都承认完形心理学为比较合理。完形心理学很明显的是反构造心理学的。构造心理学认为我们对情境的学习是可以孤立、分离，一片一段地来学习，旧式教科书的编制便根据这样的理论出发，因此特别重视拼音、单字，学生便来死记死读。但完形心理学正反对这种说法，它认为我们对情境的理解是完整的，因此，我们学习文字也应当着重在句子的学习，尤其是整个意义的学习，句子与句子、字与字、课文与课文之间都应有整个的联系，这样学习起来，就比较容易，且兴趣也就更浓厚。页课制忽视了学习完形的理论，可以说完全是违反学习心理的。

至于翻译制就是完全采用英汉翻译的方式来编制的课文。譬如"I have a book"（我有一本书），"It is a dog"（这是一只狗）等，像这样的编制究竟有什么问题呢？问题是有的，除了它跟页课制犯有同样的毛病外，最明显的就是它违反了直接学习的原则。在这种课本中，我们读"I have a book"时，先要经过"我有一本书"的翻译之后，再与事物关联起来，才能懂得这个句子的意义，在时间上较之直接的学习就要多花一倍，你想，这是多不经济。

以往教科书的编制方式，既然有这许多的缺点，以往的教学法是否也犯有同样的毛病呢？我觉得也是一样的。

1. 讲解困难。旧编制的课本，课文之间缺乏联系，教学方法就不容易把握，非有教学指引，教师就不知从何教起。

2. 教法刻板。在上课的时候，照例是说一声"Open your book"之后，教师来念课文，学生来看单字，教师来解课文，学生来记生字。结果，教出来的学生，个个都是开口不得的"哑巴子"。

3. 步骤紊乱。旧教学没有适当的步骤，大都只注意于学生的"看"与"写"。其实，"写"的动作是最困难、最复杂的手眼联合动作，一开始就让学生来"写"，实是违反了教学的程序，结果不是事倍功半，便是养成了不良的习惯，以后再来纠正，就更困难了。

4. 间接教学。旧教学大都是间接的教学。在教法上不是采用直接教学法，课文是旧编制下的课文，在内容上都是以第三者的立场来表现的，因此，教师教起来，学生学起来都觉枯燥无味，在感情上起不了丝毫的共鸣作用，以致学习效率大大地减低了。

不过旧教学的这些缺点，其所以造成的因素，固然很多，但原因之一，即由于教学受教科书编制的限制结果。本书的编辑，其方式、其教学都是要打破旧方式、旧教学。现在，我们所采用的是单元一贯的编制，所运用的是科学灵活的教学。

什么叫作单元一贯制？所谓单元一贯制就是整套的课文是一个大单元，大单元中间包含了许多有连贯性的小单元，每个单元的后面还附有一个练习。这种编制，通常有三种方式。

1. 多数儿童中心制。像普通小说一样，中间有很多的角色，但整个内容却是连贯一气。这是以儿童为中心、以多数儿童为主体的编制方式。

2. 两个儿童中心制。全套教科书的内容，都是描写两个异性儿童的生活。像本书就采取了这种方式，课本中有两个主角，一是约翰，一是玛丽，全套四册，都是以约翰和玛丽为中心。

3. 一个儿童中心制。一部教科书，只有一个主角，这个主角就是读这部书的儿童，课文的口气，也是这个儿童的口气。这样，儿童读起来既容易理解，又容易发生兴趣，好像读小说一样地读了一本又一本不忍释卷。

这种编制的方式有什么好处？好处很多，随便可以举出以下数点：

1. 有中心思想。单元—贯制的思想是有中心的、每个单元的内容与文字，都是前后一致的，所以儿童读了第一面就要读第二面，读了第二面就要读第三面，读完整个小单元，还要读下一个小单元，非读完整个单元，不肯罢休。

2. 有丰富的内容。单元一贯制不受页数的限制，编者有多少好内容都可以尽量地写上去，使课文内容不致有贫乏的感觉。

3. 有生动的文字。单元一贯制不受字数的限制，编者只要顾到儿童的学习兴趣与学习能力，便用不到斤斤于字数的多寡及课文的长短，这样编出来的文字，自然不至于古板呆滞了。

4. 有浓厚的兴趣。因为课文有中心思想，有丰富的内容，有生动的文字，当然容易引起儿童的学习兴趣；学习兴趣既浓，则学习效率也就自然提高了。

大凡一种语言的学习，都脱离不了这样四个步骤：

第一是耳到，这是训练我们听的习惯的步骤；

第二是口到，这是训练我们说的习惯的步骤；

第三是眼到，这是训练我们看的习惯的步骤；

第四是手到，这是训练我们写的习惯的步骤。

这四个步骤是根据我们的语言能力的发展程序而来的。手到是最复杂的联合动作，所以在教学的步骤上，它应当是最后的一个。到这个时候，耳、口、眼才可以同时运用，到了能够写的阶段，也即表示英语基本习惯已经养成了。在本书，直到第二册才有写的教学（如何写？请另参考笔者所编的《习字帖》）。

手到是最后的一个步骤，而耳到却是最初的步骤，在儿童没有听话的习惯前，就教他说话或看书那是非常困难的，所以教师一开始就应当讲英文，除非不得已决不翻译，这样儿童听的习惯才能迅速养成。

耳到做到了之后，说话的能力也就自然地增加起来，会听会说，再来养成看的习惯，就觉得分外容易。

本书的教学法就根据这四个步骤。

耳到、口到、眼到和手到是四个程序不变的步骤，在这四个步骤中，我们要特别注意的就是所给予学者的情境是整个的、完形的。譬如老师读"boy"，就是 boy 的整个音而并非 b，o，y 三个音，即使在教拼音的时候，我们也应当读"boy，b，o，y，boy"，却不能读作"b，o，y，boy"。在儿童读的时候也是一样，不仅耳到、口到是如此，就是眼到也是如此。我们揭示于儿童之前的都应当是整个的形状，如"girl"就是"girl"，却并非"g，i，r，l"；"I am a boy"就是"I am a boy"，却并非"I，am，a，boy"。所以我们的教法是使儿童耳朵听的是整个

"音"，嘴上说的是整个"动"，眼睛见的是整个"形"。我们这种教法是先综合后分析，先复杂后简单的，看起来似乎较难学习，其实学起来较之先分析后综合、先简单后复杂的旧方法要容易得多。原因就在于这种教学法是合乎儿童的学习心理的。

因为这个，本书在编制次序上特地把 26 个字母放在后面来学，并且还配上一个曲子，好当歌唱，这样比之旧教科书中把 26 个字母放在前面，开始时得花去好几个星期的工夫来学习，的确要经济得多。

我们的英语教学法，不但合于儿童的学习心理，根据四个科学步骤，我们还采用直接教学法，全书中找不出一个汉字，万不得已，教师决不要翻译，在可能的范围内，用图形来表示。例如"elephant"就画一头"象"，"horse"就画一匹"马"。直接的教学法，既在学习时间上经济，也在学习的正确性上较真实可靠。

最后，本书的课文是故事体的，所采取的人称都是第一人称，儿童读起来，自然较入味。

总之，不论在编制的方式上或在教学的方法上，本书还是初次的尝试。虽说出版以来，备承读者的爱护，但缺点还是有的，希望大家详细地批评与研究，俾能成为一本完善的儿童英语读本，则造福儿童实不可限量。

下 编

师范教育课程与教材

开展师范教育学制、课程、教材及教法的实验 *

全国国民教育自推行以来，已经从量的扩充，趋向质的改善了。不论是量的扩充还是质的改善，目前所感到的最迫切的问题，就是"怎样培养师资"。一方面要培养大量师资，另一方面要谋师资的质的改进。所以继国民教育运动而起的全国师范教育运动，不但有迫切的必要，而且具有深远的意义。

我们认为要培养优良的国民师资，必定要改进现阶段的师范教育。但不是托诸空言就可改进，或则改头换面就算改进的。我们的主张是："师范教育一定要实验。"只有经过实验，才能获得切实的改进。不但师范课程要实验，教材教法也要实验，以至师范学制种种，都要通过实验和研究，才能产生恰当而完整的师范学校新课程、适合中国国情的师范教材和教法，然后才有完美的师范新学制。虽然我们不立刻主张把全国师范学校都改为实验师范学校，但至少有设立一两个国立实验师范学校的必要。拨给充裕的经费，罗致国内专家，给予自由实验研究的机会，

---

* 原载《活教育》第 2 卷第 2、3 期（1942 年）。原题为《师范教育为什么要实验》，载陈鹤琴著：《陈鹤琴全集》第五卷，江苏教育出版社 2008 年版，第 28—31 页。标题为本书编者所加。

使其集中研究现师范教育，一面谋充实现现有的师范学制、课程、教材及教法，一面谋新的师范学制、课程、教材、教法的完成。为什么呢？因为：

1. 我国自倡行新教育以来，迄今已 40 多年，而其学制时常变更。例如师范教育学制，忽而独立，忽而合并；忽而效法，忽而仿日；忽而五年制，忽而六年制、三年制。每一次学制的变更，对于教育经费的损失固然很大，而对于师范教育的发展，也不无影响。如果乘此师范教育运动重新引人注意的时候，我们为改进师范教育计，为发展国民教育计，来实验和研究现师范教育的得失，使未来的师范学制、课程、教材都能日趋完备，这不是很有价值的一件事吗？

2. 欧美新教育的学制、课程、方法等，都是适合本国的国情的。为什么能够这样呢？因为欧美各国对于实验和研究的工作素来很注重，有许多学校都是专门在做实验学制、课程、教法等工作的。例如道尔顿、文纳特卡、蒙台梭利、德可乐利种种学制及教育方法，都是经过实验才产生出来的。它们不但表现出本国教育的特点，而且世界教育的潮流也受其影响。所以欧美的师范教育，各国有各国的特点。我国则不然，自己不能创立一个适合我国国情的师范教育，只是一味跟着欧美走。这就是因为没有对师范教育下一番实验研究的功夫。

3. 我国历来的师范毕业生，其中大多数优良的师资，都是从他们服务的过程中自己培养起来的。因为他们所受过的师范教育，常是学非所用，用非所学，一旦到了服务时，非从头学起，不足以适应实际需要，这是事实。我们所看到师范学校的师资和普通中学的师资并不两样，师范学校除了一些教育课程以外，其他课程完全和中学一样。例如师范的国文、数理等课程，内容不但和中学相同，连教师的教法也相同，这完全都是事实。我们认为要改进师范教育，必须要好好来一番实验和研究才好。

4. 我们看到过去的师范教育，专注书本教学，因此师范生出来服务的时候，也只会教书，以为书本教得很卖力，就算对教育尽职，其实对于儿童毫无益处，徒然养成儿童死读书和读死书的习惯。所以过去国民教育之失败，未始非师范教育之失败所使然。因此我们主张，师范学校之教学态度和习惯，要从头改过且要养成他们有多方教学的技能，富于研究实验的精神，领导儿童向大自然、大社会学习，开辟国民教育的新途径。

5. 此次全国师范教育运动，和以前所不同的，就是对于师范生的职责有了明确的规定。师范生将来出去服务，不但要做儿童的导师，而且还要做民众的导师，不但要谋学校教育的发展，而且还要谋社会教育的推进，所以称为国民师资，就是这个意义。师范生的服务范围扩大了，他们的任务也加重了，我们希望他们不但要做儿童的师表，还要做社会国民的表率，因此对于他们的人格、学识、技能、服务种种的修养，确非过去一般师范教育所能完成的。他们要教国民做人，做中国人，做现代的中国人，必先要养成他们自己是现代中国人的模范。这在原有的课程、教材及教法，是不能完全胜任的，非要把师范教育好好地实验和改善，不会有特立独行、多才多艺的国民师资出来。

以上五点，是我们主张师范教育为什么要实验的理由，也就是我们主张尽快设立一两个国立实验师范学校的出发点。

国立实验师范学校，它有两大任务：第一个任务是研究如何充实、改进现有的师范教育和国民教育，第二个任务是实验如何创造、完成未来的师范教育和国民教育。这种师范学校在设施方面一定要做到下面几点：

1. 征聘教师问题——要罗致国内师范教育研究专家，如学制研究专家、某科研究专家、某一教育问题研究专家等，而其待遇必须较普通为优待，使他们能专心研究。

2. 经费问题——要比普通师范学校较为充裕，规定有实验费、编辑费、设备费等项，和普通师范学校不同。

3. 学校编制——按照部颁学制规定，而打破教室上课制度，设立研究室、编辑室，组织辅导团、地方自治指导团等，并且附设实验国民小学一所，以实验国民教育，把附近乡镇划为该校地方自治实验区。

4. 课程问题—— 一种是分科研究实验，维持原有学科制；一种是混合课程研究实验，打通各学科，采用每一教育问题之研究和实验。

上面所说的这四种设施，到底有什么目的呢？我们也可以简要说一下。

1. 将现有的师范课程中教育学科的内容扩展起来，将它的职能发挥起来，还要将其他普通学科——如国文、数学、理化等科区别于普通中学的教材和教法，要使它充分表现师范课程的特性，使师范生的学习与前不同。要养成他们将来不是为着升学，而是具有教育行政的素养与各科教学的技能；到了服务时，无论教学何科或编辑何种教材，都能运用自如；无论办理儿童教育或成人教育，都能得心应手。

2. 研究师范学制，实验课程内容，如何吸收欧美教育的长处而去其短处，如何才能适合我国的国情，使学制中国化、师范课程也中国化。对于教育方法也不一味效法欧美，且要发扬我国固有教育方法的优良传统。不但可使师范教育适合我国之实际，而且使世界教育思想也受我国的影响。

3. 把师资的意识态度改变过来，怎样使他们彻底认识教育是国家的百年大计，养成他们对教育服务具有坚定的信念、创业的精神，不致像以往的半途而废，或见异思迁。怎样使他们具有科学实验的态度，来谋教育的进步，不像以前读死书，教死书，重蹈失败的覆辙。怎样不使他们成为一个文绉绉的新学究，一如往前士大夫的典型，这一种师资，是不合现在和未来的需要了。我们应该将他们培养成能够化民俗、为社会谋幸福的国家基层政治的中心人物。

我们希望新师资的培养，富有劳动生产的技能，富有建设组织的能力，不但人格、行为可做人家的楷模，而且服务、为人都可做人家的榜样。不但要做一个优良的儿童教师，而且要做一个优良的社会领导者，这样重大的任务非需要实验师范学校负起来不可。

照这样说来，我们可以具体地下一个结论：

在实验师范学校的实验内容，主要有：

1. 师范的学制及行政研究；

2. 师范的课程实验；

3. 师范的教材研究——分科及混合两种；

4. 地方建设的研究；

5. 国民教育课程的研究；

6. 国民教育的教材研究；

7. 新教育方法的实验；

8. 国民教育学制及行政研究；

9. 儿童心理及成人学习心理的研究。

（际此全国师范教育运动的呼声中，我们要谋师范教育切实改进和国民师资适当的培养，根据"师范教育必须要实验"的理由，建议设立"国立实验师范学校"，希望教育部、教育专家及热心师范教育的同人，大家一同来商榷，以从速实现。）

国立幼师的三个课程标准草案[*]

幼稚教育课程标准草案

第一 目标

一、使学生认识幼稚教育在建国工作中之地位，以激发其专业信仰。

二、使学生明了幼稚教育的演进及各国幼稚教育的概况，以唤起其研究兴趣。

三、使学生熟悉幼稚教育之设施，以培养其工作能力。

第二 时间支配

第二学年第一、二学期每周 2 小时。

第三 教材大纲

一、认识幼稚园

---

* 这是陈鹤琴在江西广昌为国立幼稚师范学校师范部起草的二份课程标准草案，此课程标准草案于 1945 年 8 月 14 日呈报国民政府教育部，有删节。载陈鹤琴著：《陈鹤琴全集》第五卷，江苏教育出版社 2008 年版，第 44—56 页。

（一）参观幼稚园

（二）参加幼稚生的活动

（三）与幼稚教师开一个讨论会

（四）做一个参观报告

二、幼稚教育的重要性

（一）幼教与儿童

（二）幼教与建家

（三）幼教与建国

三、幼稚教育的演进史

（一）幼稚教育的先锋

1. 夸美纽斯

2. 卢梭

3. 裴斯泰洛齐

（二）幼稚教育的鼻祖——福禄培尔

1. 福氏的生活和事业

2. 福氏的学说

3. 福氏的恩物

4. 福氏教育的讨论

5. 福氏对于教育上的贡献

（三）幼稚教育的理想者——杜威

（四）幼稚教育的继起

1. 汪伯拉——托儿所

2. 蒙台梭利

（1）蒙氏的生活和事业

（2）蒙氏的教育和教具

（3）蒙氏教育的讨论

（4）蒙氏对于教育上的贡献

3. 麦克米伦——婴儿园

4. 希尔

四、幼稚教育的新活力

（一）陶行知

（二）陈鹤琴

五、现代幼稚教育的鸟瞰

（一）美国——幼稚园

（二）英国——婴儿园

（三）苏联——托儿所

（四）荷兰——蒙台梭利儿童园

六、幼稚教育的设施

（一）儿童（初生至 6 岁）

（二）课程

（三）教学

七、幼稚园的教师

（一）幼稚园教师的任务（包括乳儿、婴儿、幼儿之教养）

（二）幼稚园教师的知能与修养

（三）幼稚园教师的训练

八、中国的幼稚教育

（一）中国幼稚教育的回顾

（二）中国幼稚教育的现状

（三）中国幼稚教育的展望

第四　实施方法概要

一、作业要项

（一）参观及报告

（二）讨论

（三）讲习

（四）阅读

（五）报告

二、教法要点

（一）本科教学应将全部教材分为若干单元，用问题方式提出，以提高研究的精神。

（二）教学方法以采取分组研究、集体讨论为主。

（三）本科教学步骤须从实地观察入手，以引起学习兴趣，供给研讨的实际资料。

（四）参考各种有关幼稚教育的书报，以资比较而知取舍。

（五）制作各项图表报告，以加强其对于幼教之认识。

家庭教育课程标准草案

第一　目标

一、使学生认识家庭教育的意义与重要。

二、使学生明了教养儿童的合理方法。

三、使学生具有爱好儿童的热忱与养护儿童的技能。

第二　时间支配

第三学年第一、二学期每周 2 小时。

第三　教材大纲

一、认识家庭

（一）参观几个家庭

1. 环境

2. 设备

3. 儿童教养方法

（二）与儿童家长开一个座谈会

1. 怎样教养儿童

2. 教养上的困难问题

（三）做篇报告

二、中外家庭教育的现状

（一）各国家庭教育的鸟瞰

1. 英美的家庭教育

2. 德国的家庭教育

3. 法国的家庭教育

4. 苏联的家庭教育

5. 日本的家庭教育

1. 儿童方面

2. 社会方面

3. 国家方面

（二）家庭教育的特质

1. 家庭教育的对象——儿童

2. 家庭教育的方式——①无组织的；②无定型的

3. 家庭教育的因素

（1）人：父母及其他

（2）环境

（三）家庭与环境

1. 家庭与社会

2. 家庭与学校

五、家庭教育的内容

（一）做人

1. 对己

（1）培养独立的人格

（2）养成良好的卫生习惯

（3）培养稳定的情绪

（4）建立健全的人生观

（5）学习人生的基本知能

2. 对人

（1）学习社会礼貌

（2）养成助人习惯

（3）明了尊重他人的意见和权利

3. 对国家

（1）养成守法的习惯

（2）培养爱国热忱

（二）做事

1. 培养公私分明的态度

2. 养成贯彻始终的精神

3. 造成勤俭的习惯

4. 增进服务的热忱

5. 训练儿童具有事先计划事后探讨之能力

（三）做学问

1. 培养广博的研究兴趣——以大自然（包括性的初步知识）、大社会为主要范围

2. 养成自动学习的能力

3. 树立创造的精神

4. 养成运用科学方法的知能

六、教学的原则和方法

（一）教学的原则

1. 要做中教，做中学，做中求进步

2. 要培养自动的能力和兴趣

3. 要以身作则

4. 要愈早愈好

5. 要开始教得好

（二）教学的方法

1. 暗示的方法

2. 替代的方法

3. 鼓励的方法

4. 游戏式的教学方法

七、教学的设备

（一）玩具

（二）工具

（三）器具

（四）图书

（五）材料

八、父母教育

（一）认识自己

1. 纠正自己的缺点

2. 利用自己的所长

（二）认识儿童

1. 儿童是可爱的

2. 儿童是可教的

3. 儿童是生长的

4. 儿童是好动的

5. 儿童是好胜的

6. 儿童是好吃的

7. 儿童是有个性的

8. 儿童是受遗传影响的

（三）认识自己和儿童的关系

1. 父母是儿童的榜样

2. 建立友谊的关系

3. 儿童是家庭活动的中心、快乐的源泉

（四）认识儿童与国家的关系

1. 儿童是民族的幼苗

2. 儿童是国家未来的主人翁

第四　实施方法概要

一、作业要项

（一）参观家庭

（二）观察儿童

（三）阅读书报

（四）讨论

（五）举行展览——模范家庭展览会

（六）报告

二、教法要点

（一）本科教学应与儿童心理、幼稚教育、儿童保育等科尽量联络得以融会贯通。

（二）各项作业均应注意培养学生自动能力。

（三）教学方法宜采取分组研究，共同讨论。

（四）本科教学以做为主，故应从参观考察入手以引起研究的兴趣与爱护儿童的热忱，并加以家庭展览会，以融贯其教养知能。

幼稚园行政课程标准草案

第一　目标

一、使学生明了创设幼稚园的方法。

二、使学生具有处理园务的知能。

三、使学生明了教导幼稚生的方法。

第二　时间支配

第三学年第二学期每周 2 小时。

第三　教材大纲

一、认识幼稚园

（一）观察幼稚园的儿童

1. 乳儿组

2. 婴儿组

3. 幼儿组

（二）参观幼稚园的设施

1. 建筑与设备

2. 教导与养护

（三）与幼稚教师开座谈会

二、园舍建筑

（三）行政计划

（四）财务管理

（五）文书处理

（六）园务检查

（七）园务检讨

（八）章则表簿

五、教务

（一）测验分组

（二）活动纲要

（三）活动日程

（四）教学指导

（五）体格检查

（六）成绩考查

（七）个案记录

（八）统计报告

（九）研究进修

六、养护

（一）养护原则

（二）养护方法

（三）卫生设施

（四）行为训练

（五）特殊儿童之养护

七、联络推广

（一）家庭联络

1. 家庭访问

2. 组织家长会

3. 恳亲会

（二）社会联络

1. 展览会

2. 交谊会

八、幼稚园的行政

（一）幼稚园行政的意义

（二）幼稚园行政的范围

1. 乳儿组

2. 婴儿组

3. 幼儿组

（三）增进行政效率的方法

1. 运用科学管理

2. 举行工作竞赛

3. 实行行政三联制

第四　实施方法概要

一、作业要项

（一）参观幼稚园

（二）观察儿童

（三）阅读

（四）讨论

（五）计划

（六）实习

二、教法要点

（一）本科教学宜多参观各地幼稚园以求实际经验之获得。

（二）宜多用分组研究、共同讨论之方式使学生彻底明了行政上各种问题之处理。

（三）本科教学应以做为中心，故对于计划实习事项应与理论并重，不可偏废。

（四）办理行政事务重在效率之增进，故教学时对于行政组织与管理方法之指导要力求合乎科学化。

《幼稚生工作簿》编辑大意 *

（一）本书根据教育部颁布的小学幼稚园课程标准编辑，全部共 12 册，专供家庭、幼稚园和小学一、二年级之用。

（二）编辑主旨

（1）培养儿童自动的能力。

（2）发展儿童正当的习惯。

（3）灌输儿童适当的知识。

（4）引起儿童阅读的兴趣。

（三）编辑方式

（1）本书依据时令采行单元制，例如，1 月份以新年为中心，2 月份以上学为中心。

（2）本书根据儿童心理，采用各种图画、手工、游戏等教材，使儿童乐意去做，例如着色、配合、剪贴等等。

---

* 选自陈鹤琴编：《幼稚生工作簿》，儿童书局 1947 年版。

（四）编辑内容

本书包含自然、游戏、故事、常识、习惯、读法、识数等科，每册附插彩色活页手工图两幅，专供儿童剪贴之用。

抗战时期幼稚师范教育的课程教材与教法 *

抗战的时代，是新教育实验的崭新环境，而幼稚师范的创设，正负有实验新教育的使命。究竟要实验什么新教育，是不是道尔顿制、德可乐利制等的"新教育"呢？显然不是，我们要实验的却是产生于抗战烽火中的新教育，是在中国的土地上生长起来的新教育，这就是"活教育"。

"活教育"顾名思义，就是反对已经埋没人性的死教育，反对读死书的死教育，它要摧毁传统教育的锁链，让新中国的主人，从淫威独断的痛苦深渊中解放出来。所以，活教育首先以三个目标坚定自己的信念，这三大目标即是：（1）做人，做中国人，做现代中国人；（2）做中教，做中学，做中求进步；（3）大自然、大社会，是我们的活教材。

我们要以自动代替被动，以启发代替灌注，以积极代替消极，以活知识来代替读死书，以爱德来代替权威。

自动地学习，自发地学习，乃是以"做"为出发点的，在"做"的

* 节选自《战后中国的幼稚教育》，载陈鹤琴著：《陈鹤琴全集》第二卷，江苏教育出版社 2008 年版，第 415—420 页。原载《教育杂志》第 32 卷第 2 号（1947 年 8 月）。标题为本书编者所加。

过程中去学，在"做"的过程中去教，在"做"的过程中去求进步。经过自己动手用脑所获得的知识，才算是真知识、有用的知识，培养现代中国人，非从"做"做起不可。

怎样"做"？我们有四个步骤来指导做、来指导教与学。这四个步骤就是：第一，实验观察；第二，阅读参考；第三，发表创作；第四，批评研讨。并且用"五种活动"，即健康活动（包括体育、卫生等学科），社会活动（包括史、地、公民、常识等学科），自然活动（包括动、植、矿、气象、理化、算术等科），艺术活动（包括音乐、图画、工艺等科）及文学活动（包括读、作、写、说等科）来丰富"做"的内容。

因为我们相信，做现代中国人，必须具有健全的身体、自动的能力、创造的思想、生产的技术、服务的精神；同时我们相信，幼稚师范是在培养优良的幼稚教师具有慈母的心肠、丰富的知能、爱的性情和研究的态度。所以，我们的教学原则，就以此为依归，而大致地定为这样几点：第一，向大自然、大社会去追求活教材。第二，运用做中学、做中教、做中求进步的活教法。第三，培养生产能力，是要学校农场化、工场化，学生农民化、工人化。第四，活教师要用活教法，教育活教材，才有活学生。第五，活教师、活学生、集中力量，改造环境，才有活社会。第六，我们能够自己做的，我们都自己来做。

根据以上的原则，我们就以学校日常生活为出发点，来进行活的教学。(1) 烧饭：由学生轮流主持，每天 8 个人来负责全校的烹饪；从买菜、买米、拣柴、洗菜、淘米、切菜、烧菜、端菜到洗碗，都由学生自己做。(2) 洗衣服：也是日常生活的例行公事，都由学生自己洗。(3) 筑路：学校中几十丈山路，除了一条大路之外，其余的统由师生们共同来开辟。

筑山路本来就是很不容易的，所以，掘泥土、挑石子、挑石灰、确费了一番心血，但大家都觉得这条路是自己要走的，这荒山是要自己来开辟的，这个新世界是要自己来建立的。虽然，大家的手上都做起了泡，两腿跑得又酸又痛，但始终没有哼一声苦！（4）编草：在江西，瓦片很贵，且不易买到，因此，每以松皮或箬篷来代替。这两种东西，可说是抗战时期的经济代用品，我们的房舍便是用箬篷来盖的，但箬篷太薄，天雨即漏，所以，大家便动手来编草篷，覆在箬篷之上，既可避寒暑，又可抵雨湿。（5）种菜：开辟农场之后，开始种植蔬菜，供给全校食用。其他如养猪、养鸡、种花、植树，凡有关生活环境的改善的工作，都被我们作为教学的好机会。

除了这些工作之外，我们也规定相当课程，以适用于二年制及三年制，现在列表于后，以资参阅（见表1、表2）。

表1 二年制课程

科目	第一学年		第二学年		备注
	第一学期课时数	第二学期课时数	第一学期课时数	第二学期课时数	
公民	1	1	1	1	课程内容同三年制各课，见表二备注栏
体育	2	2	3	3	
卫生	2				
国语	6	6	5	5	
社会	3	3	2	2	
自然	3	2	2	2	
农工艺及实习	2	2	1	1	
家事	2	2			
看护	2	2			

科目	第一学年		第二学年		备注
	第一学期课时数	第二学期课时数	第一学期课时数	第二学期课时数	
美术	2	2	2		
音乐	4	4	3	3	
教育通论			3	2	
儿童心理	3	3			
幼稚教育	2	2	2	2	
教学与实习		3	10	14	
家庭教育			2	1	
人生心理	2	2			
每周总教学时数	36	36	36	36	
附注	（一）各年级除体育及早操或课间操外，每周须有课外活动 3 小时； （二）各年级每周须有 2 小时为战时后方服务训练； （三）各年级每日至少有 2 小时规定为学生在校自习时间				

表 2　三年制课程

科目	第一学年		第二学年		第三学年		备注
	第一学期课时数	第二学期课时数	第一学期课时数	第二学期课时数	第一学期课时数	第二学期课时数	
公民	1	1	1	1	1	1	注重做人、做中国人、做现代中国人，通过专题讲座、班会、实践活动进行
体育	2	2	2	2	3	3	除学生本身体操外，还包括儿童游戏及韵律活动教材教法

科目	第一学年		第二学年		第三学年		备注
	第一学期课时数	第二学期课时数	第一学期课时数	第二学期课时数	第一学期课时数	第二学期课时数	
卫生	1	1					包括实际卫生生活指导、卫生训练、儿童营养等
国语	6	6	5	5	3	3	包括国语与应用文、儿童文学理论及写作
数学	2	2	1	1			除数学代数外并包括小学算术教材教法
社会	3	3	3	3	2	1	包括历史、地理教材混合编制，采用中心单元教学。特重现代史与国际问题、乡村社会问题
自然	3	3	3	3	2	1	包括博物、理化教材混合编制，采取中心单元教学
农工艺及实习	3	3	2	2	1	1	农艺包括园艺及畜养，并注重学生自己种菜栽花，饲养家禽家畜，工艺除木工、纸工、编织工作，重幼稚园教材及用具修理

科目	第一学年		第二学年		第三学年		备注
	第一学期课时数	第二学期课时数	第一学期课时数	第二学期课时数	第一学期课时数	第二学期课时数	
家事	2	2	2	2			包括缝纫、编织、烹饪及家事管理
看护	2	2					包括儿童保健
美术	2	2	2	2			包括审美观念，应用美术原则布置环境，并能画人物、花卉等
音乐	4	4	4	3	3	3	包括键盘乐、简单作曲法及习作，能唱得悦耳动听，会弹普通歌曲
教育通论					3	3	包括教育原理、教育史、教育新趋势及各种教育法
儿童心理	3	3					包括儿童的发展过程及心理特点、儿童心理在教育上之应用
幼稚教育	2	2	2	2			包括幼稚教育发展史、各国幼稚教育概况、幼稚教育行政、幼稚教育研究
教学与实习			4	4	14	16	包括婴儿园、幼稚园之参观、见习、实习，注重创制教材、试验教法、研究实际问题
家庭教育			2	2			包括儿童保育法及父母教育

科目	第一学年		第二学年		第三学年		备注
	第一学期课时数	第二学期课时数	第一学期课时数	第二学期课时数	第一学期课时数	第二学期课时数	
教育心理				2	2	2	包括学科心理与学习心理
测验及统计					2	2	各种教育测验、心理测量及统计方法、图表制作
人生心理			3	2			包括普通心理、青年心理、群众心理、变态心理
每周教学总时数	36	36	36	36	36	36	
附注	（一）各年级除体育及早操或课间操外，每周有课外活动 3 小时； （二）各年级每周有 2 小时为战时后方服务训练； （三）各年级每日至少有 2 小时规定为学生在校自习时间						

　　不论是二年制或三年制，其课程内容，都可分成精神训练、基本训练、专业训练三项。各科的范围，特别着重于婴儿园、幼稚园及小学的实际资料，如体育、音乐，列入儿童歌曲及唱游教材，卫生注重妇婴心理卫生，国语加入儿童文学，社会科混合历史与地理，编成单元与小学社会及幼稚园常识相呼应，自然科将博物、理化混合编制，配成单元与小学及幼稚园教材亦相呼应。家事包括缝纫、烹饪、家庭管理。幼稚教育包括意义、发展史、概况、行政、研究法等等，并包括婴儿园教育，教学与实习合并分幼稚园教学及实习、婴儿园教学及实习，将教材教法和实习合并教学。另设家庭教育以儿童和父母教育为主要资料。至于人

生心理一科，是新加的课程，其意义是根据青年期心理，促其正常地发展技能，正确地运用理智于日常生活。以前有所谓人生哲学的课程，我们觉得其过分深奥，且距离现实生活太远，不切实际，所以改成人生心理。

照一般的科目内容，每科各自独立，不相联系，各科教学只着重于基本训练，对于专业训练大多由教材教法一科担负，致使教材教法一科，包罗万象，各科都要教，结果各科略而不详，既没有深切的讨论，又缺乏实际的资料。因此，在幼师的课程中，教材教法与各科紧密联系，各科教学在最后一年，以幼稚园及小学的教材为范围，使学生能将所学与所用互相配合，对各科教学产生浓厚兴趣，增进了不少的活力。

同时，课程如受了学年的限制过甚，结果不是加速学生的学习，便是降低教学的质与量。因此，幼师更进行了工作单元的制订。其程序是：第一，分析幼稚园教师应具有的能力，编成优良幼稚教师之能力表。第二，分析幼稚园及幼稚师范的教材，按照进度，组成单元。第三，学生学习，本其个人之智能，按程序进行，不受班级的牵制。第四，学习能力强者，规定年限可修完全部课程，较次者时间较长，单元未完，不予毕业。

至课程之实验，分四期进行，每期以一年为度：第一，开创期试用活教材、活教法；第二，实验开始期，整理已用活教材及教法制订实验方案；第三，实验修订期，修订上期结果作精密之实验；第四，实验完成期，继续修订，完成实验课程。

幼稚师范的课程是这样，但幼稚园、婴儿园的活动又是怎样呢？这里略作一个简单的介绍。在原则上，幼稚园与婴儿园的活动，也都是根据"活教育"的原则。那时候，幼稚园的儿童都是通学的，在园内生活的时间，上午约有 3 小时，下午也有 3 小时。时间的支配，将因气候的变更而不同。现在把民国三十二年（1943 年）五、六两个月的一天生活时间支配情形，列举出来，以见一斑。

上午

7 时半到 8 时 15 分——儿童陆续来园，清洁检查，自由活动。

8 时 15 分到 8 时 20 分——朝会。

8 时 20 分到 9 时半——中心活动：常识，表演，出游等。

9 时半到 9 时 50 分——户外活动。

9 时 50 分到 10 时 10 分——儿歌，餐点，静息。

10 时 10 分到 10 时 45 分——音乐。

10 时 50 分——回家午膳。

下午

1 时后儿童陆续来园。

1 时到 2 时半——午睡。

2 时半到 3 时——故事或表演。

3 时到 3 时半——读法。

3 时半到 4 时——游戏。

4 时——夕会，散学。

上面所举时间的长短、活动的次序，都以儿童兴趣的表现为主，视活动性质与活动方式而变化，原定时限，可以伸缩，原来次序，也可以改变。

不但在课程方面，我们进行了新的实验，同时对于训导问题，我们也做了重新的估计。我们反对那种只凭主观的情绪、态度、利害、好恶去判断或处理训育问题的作风。并提出以下的原则，作为训导的指针，即（1）从小到大；（2）从人治到法治；（3）从法治到心理；（4）从对立到一体；（5）从不觉到自觉；（6）从被动到自动；（7）从自我到互助；（8）从知到行；（9）从形式到精神；（10）从分家到合一；（11）从隔阂到联络；（12）从消极到积极；（13）从空口说教，到以身作则。这些训导原则，直到今天，还是有价值，在这里限于篇幅，不便做详细的叙述，在《活教育的理论与实施》一书中，我已有所介绍。

怎样编排幼稚园的日课表 *

　　幼稚园里整天的活动，有的已经编排了一张详尽的日课表，年年如是，日日如此，一成不变地照着做各项活动；有的却编排在教师的心里，漫无中心地，每天大概做那几项活动。然而，这问题到底应该怎样解答呢？这是值得提出来讨论的。如果教师要注意到儿童心身的发展，而给以适当的活动，似乎一张日课表是必须要的。不过，这一张日课表应该是活生生的。现在，我根据下面两个原则而拟订一张幼稚生活动日课表，以供各位教师参考。

　　一、根据活教育五指活动而编排。我为什么要根据五指活动而编排呢？因为五指活动包含了各种课程，和儿童生活打成一片，也可以说是儿童的生活课程，再说"五指活动"这几个字，我们顾名思义也可以理解到如人的五指，它们是一个整体，互相联系，是帮助我们发抒知、情、意的一个工具。而幼稚园的课程，其目的，也就在发展幼稚生的心智和身体。所以我们用五指活动来昭示幼稚园课程的整个性和连贯性，

* 原载《活教育》第 5 卷第 3、4 期（1948 年 7 月）。

而培养儿童健全的生活为最高理想。下面是五指活动的名称，以及它所包括幼稚园的各项活动。

1. 儿童健康活动：包括游戏、早操、户外活动、整洁与健康检查、午睡、餐点、静息等。

2. 儿童社会活动：包括升旗、早会、社会研究、再会的活动等。

3. 儿童科学活动：包括自然研究、种植、饲养、填气候图等。

4. 儿童艺术活动：包括唱歌、律动、表演、布置、工作、记日记图、玩乐器等。

5. 儿童语文活动：包括故事、读法、歌谣、谜语、看图画书等。

二、是根据儿童兴趣而不拘泥于规定的时间而编排的。儿童的兴趣，是由于环境的刺激而产生的，譬如研究"端午节"这一个单元，到节后的第一天，在早会时候，儿童一定有说不完的话，一个接一个，重复又重复，大家争着要述说过节的情形。在这种情形之下，早会的时间，应该依儿童的兴趣，略予延长，决不可拘泥于十分钟、一刻钟的早会时间而减少儿童的兴趣。再如研究"蚊蝇"这一个单元，在工作的时候，儿童一定很起劲地做苍蝇拍，那么工作的时间也可以延长。所以我根据这一个原则，只编排活动项目，而没有固定时间的限制。这一张活动日课表是根据上面两个原则而拟订的。

幼稚园活动日课表（夏季适用）

上午

九点钟以前：儿童陆续来园，自由游戏，种植，饲养

九点钟到十一点半钟：

1. 健康社会活动（升旗，早会，早操，整洁与健康检查，数人数，

填气候图）

2. 科学社会活动（观察，研讨）

3. 艺术活动（工作，布置）

4. 健康语文活动（户外活动，静息，儿歌，谜语，餐点）

5. 艺术活动（唱歌，律动，玩乐器，表演）

6. 社会活动（整理，放午学）

下午

二点钟以前：儿童陆续来园

二点钟到四点钟：

1. 健康活动（午睡）

2. 语文活动（故事，读法，看图画书，记日记图）

3. 健康活动（户外活动，游戏）

4. 社会活动（整理放学）

活教育的教学原则中的课程与教材思想[*]

一、鼓励儿童去发现他自己的世界

学校里所学的实在是很少的，即使老师拼命地注入、填塞，而儿童所学的东西，还是不够应用的；况且所填塞的东西，都不容易消化，不容易理解，吃了进去，也是如同吞枣，而与学问的修养，仍是没有多大关系的。

在学校里，老师教一样，你学一样，老师教两样，你就学两样，老师不教，你就不学。一学期薄薄的几本教科书，就可作为教师唯一的教书法宝，就可作为儿童唯一的知识宝库。

把一本教科书摊开来，遮住了儿童的两只眼睛，儿童所看见的世界，不过是一本6寸高、8寸阔的书本世界而已。一天到晚要儿童在这个渺小的书本世界里面去求知识，去求学问，去学做人，岂不是等于梦想吗？

儿童的世界多么大，有伟大的自然亟待他去发现，有广博的大社会亟待他去探讨。什么四季鲜艳夺目的花草树木，什么光怪陆离的虫鱼禽

＊ 选自陈鹤琴著：《活教育的教学原则》，华华书店1948年版。标题为本书编者所加。

兽，什么变化莫测的风霜雨雪，什么奇妙伟大的日月星辰，都是儿童知识的宝库。

大社会也是儿童的世界，家庭怎样组织的，乡镇怎样自治的，社会上的风俗习惯怎样形成的，国家怎样富强的，世界怎样进化的，这一切社会的实际问题，都是儿童的活教材。

南京鼓楼幼稚园的小朋友，对于自然就发生很大的兴趣。看见田野的花草，就会去采来问老师，看见花木间的蝴蝶昆虫，就会去捉来研究。地上的石子、矿物，也会去收集陈列。

有一次，有一个小学里的小孩子，在家里开了一个博物展览会，请了许多小孩子来参观。有什么东西展览呢？说来很有趣，在一个房间的角上，展览了什么铜币、贝壳、矿物、鸟蛋、邮票、石子、碎玻璃片，小孩看得很高兴。这是小小的博物世界，是儿童自己发现的，是儿童自己创造的。

不要说大自然、大社会应当鼓励儿童自己去发现，就是图画也应当要儿童自己去发现，去培养。

教师只在教室教儿童画图，画什么一瓶死花、三只死鸟、几样水果，那引不起儿童画画的兴趣。你一定要带他到大自然里去实地写生，到大社会里去写真，那么儿童画画的兴趣就会增加，画画的技术就会提高。

我知道有一个小孩子得着父亲的鼓励，出去总是带着一本画册的。看见一个挑馄饨担的，他就给他画一张。看见抬轿的，他也画一张。看见乡下人挑着小孩子进城的，他也画一张。社会上一切的对象，都是他画画的好材料。日积月累，他的兴趣一天一天地浓厚，他的作品一天一天地多起来，他的画画技术，也一天一天地精起来了。

儿童的世界，是儿童自己去探讨，去发现的。他自己所求来的知识，才是真知识，他自己所发现的世界，才是他的真世界。

二、大自然、大社会是我们的活教材

有一天，我在上海参观一个小学。还没有走进教室，就听见小朋友齐声朗诵什么"嗡嗡嗡，嗡嗡嗡，飞到西，飞到东，一天到晚忙做工"。

我就进去，问小朋友说："哪个看见过蜜蜂，举手!"四十来个小朋友之中，只有两个举起手来。这种知识，有什么用呢？这种书本的教学，真是害人，小孩对于蜜蜂，完全没有经验，读了一课《蜜蜂》，不知道蜜蜂是什么东西!

蜜蜂怎样工作，怎样生活，对于人有什么关系。这种种重要的事实，小孩子茫然不知。小孩子所知道的，只是会飞会叫的飞虫而已。我们为什么不教小孩子去研究真的蜜蜂呢？我们为什么不向大自然领教呢？

在南京的时候，我研究小朋友的常识，曾经立了许多条目，一条一条地问小朋友。

有一天，我同一个六岁的小孩子说："你看见过松鼠吗？"

他说："看见过。"

我问："松鼠有多大呢？"

他立刻很高兴地举起两个小食指来表示很大的意思（小食指的距离，不到二寸），嘴里还喊道："有这么大，有这么大!"

我看了很惊奇，世界上哪里有这样小的松鼠，就是初生的松鼠，也没有这样小。

我再问他说："嘿！有这样大的松鼠吗？你从哪里看见的？"

他说："我在书上看见的。"

我说："这本书你有吗？"

他说："有的，有的。"

说了就跑到房间里把一张油印的讲义拿出来给我看，他指着油印上的图画笑嘻嘻地说："这不是松鼠吗？"

我拿来一看，竟不认识这是个什么东西。

这张图，既不像松鼠，又不像老鼠，真所谓画得"非驴非马"，不易辨别。

亲爱的教师！你们想想看，这个小孩子所得的松鼠印象，无非如此而已！他不学，倒没有什么关系，现在学了，反而得到错误的印象，错误的观念。这是多么冤枉！

有一天，我去参观一个小学。这小学在一个小菜场的后面，参观了之后，我就问教自然的老师："你教自然有什么困难呢？"

他说："自然真不容易教，没有标本，没有仪器，怎样教得好呢？"

我就转过身来指着前面的小菜场对他说："这不是你的标本、你的仪器吗？一年四季，季季有各种菜蔬，天天都有新鲜的鱼虾。在这个时候，你可以买几个红萝卜来，把它切成两段，把生叶子的这一段，用绳子做一个网儿挂起来，再把剖开的一端挖一个洞，洞里放一点泥，种点豆儿葱蒜，天天浇浇水。过了几天，叶子生出来了，葱豆都发出芽来了。再过几天，葱豆都发荣滋长，葱茏可爱，挂在教室里，好像一盏红灯笼，鲜艳夺目，非常美丽。在这个活动里，小朋友可以知道种子怎样发芽，植物怎样生长，也可以把教室布置得新颖悦目。这种教材多么有生气！多么有意义！"

我又对他说："鱼虾是很好的教材，菜场里蚌、蛤、鱼、鳝、虾、蟹，种种不同的生物，都可以做儿童的好教材。你可以买几条鱼来，同儿童研究一下，鱼怎样会游水的，怎样会游上游下，转弯抹角，怎样呼吸，怎样食物，这种种问题，都可以试验研究。

"你滴一点墨水在水里，就可以看出鱼会把墨水从嘴里吸进去，再从鳃里吐出来。

"你也可以把鱼剖开来，看鱼鳔是怎样的，鱼鳔有什么用处。假定你再要研究高深一点，你要知道鱼在水里呼吸什么东西，除了吃小虫之外，它是不是需要空气的。你也可以把它试验一下，它不吃小虫，还能活的，若吸不着空气，就会死的，怎样试验呢？这也简单得很！

"你把它放在普通的水里，看它怎样，你再把它放在冷开水里，看它怎样。

"这个小菜场，是你的标本，是你的仪器，是你的宝库，所谓'取之不尽，用之不竭'。这是活教材，这是活知识，这是活教育。小孩子看了一定很高兴，做起来一定很快乐，所得到的知识很丰富，所得到的观念很正确。"

亲爱的教师，大自然是我们最好的教师。大自然充满了活教材，大自然是我们的教科书，我们要张开眼睛去仔细看看，要伸出两手去缜密地研究。

现在，我的房子四周，不知有多少鲜艳的花草、奇异的昆虫、美丽的飞鸟。

昨天，有一个朋友在地上拔了根一尺多长的木本小树对我说："这是做蜡纸的原料。"他把树皮剥下来，叫我拉拉看，我拉了半天，还是拉不断，树皮非常之韧，树皮的纤维非常之细。

这种丛木，到了冬天在干枝上开了很美丽的紫花，到了春天，在干枝上长了碧绿的叶子，结了珠子似的小果子。漫山遍野，好像杜鹃花似的到处生长。在浙江这种树已经变成宝贝了。十几年来，日本人到中国买了去，做了蜡纸卖给我们。英国人也买了这种树做了蜡纸卖给我们，一年几百万，利权外溢，我们自己还不知道利用。

现在，我住的地方，山前山后到处都有，单单泰和一个地方，不知有多少，全江西那更不必说了。恐怕不但江西有，湖南也有，恐怕广西有，广东也有。所谓"遍地黄金，俯拾皆是"。我们做教师的，应当如何张开眼睛去仔细看看，运用两手去缜密地研究？

这种有价值的活教材，在大自然中多得很。种地是最好的活动，什么蔬菜，什么山薯，什么玉蜀黍，什么萝卜，无数的东西，小朋友，大儿童，青年教师都可以做种植的好材料。

饲养家畜，也是很有价值的好活动，什么养鸡养鸭，养猪养羊，养蜜蜂，养鸽子，都富有生产意义的。

所以，亲爱的教师，书本上的知识，是间接的知识，你要获得直接的知识，确实而经济，你应当从大自然中去追求，去探讨。

大自然固然是我们知识的宝库，是我们的活教材、活教师，我们应当向它领教，向它探讨。大社会何尝不是我们生活的宝库，何尝不是我们的活教材、我们的活教师呢？

这个世界是多么神秘，这个社会是多么伟大。这次的抗战，是我们民族史上最伟大的而最光荣的战争。

这次的欧洲大战，是法西斯主义与民主主义的大决斗。我们做教师的，为什么不教学生研究时事，探讨史地？从研究时事中我们可以得到宝贵的教训，从探讨抗日与欧战有关的史地中我们又可以得到宝贵的活知识。

我们若一研究这次敌人进攻沿海各城池，就可以研究出各城池对于抗战救国的重要性。譬如，敌人为什么要占领宁波、台州、温州、福州、余姚、绍兴呢？理由是很简单、很明显的。敌人要封锁我们的海口，要掠夺我们的资源。宁波、台州、温州、福州，都是重要的海口，若被封锁，虽于最后胜利无大关系，但对于我们的运输，确有相当的影响。

这种教学，教师教起来，多么生动，多么深刻；学生学起来，多么兴奋，多么有趣。我们何必一定要把一部活地理四分五裂，呆呆板板地教小孩子死记死读；我们何必一定要把一部中华民族进化史支离破碎，一朝一朝呆呆板板地教小孩子死记死读呢？我们为什么不去研究抗战救国来做研究史地的中心或出发点呢？我们为什么不研究第二次世界大战来了解各国的史地及我国的民族文化呢？大社会大世界都是我们的活教材，我们从"现代"的活教材研究到"过去"的史事、"过去"的地理呢！

三、注意环境，利用环境

亲爱的教师，"大自然、大社会都是活教材"这个意思，我已经在上面详细地说过。现在我要说的，就是在大自然、大社会的环境中，你可以找到许多活教材、活教具。

"麻将"不是个个人都喜欢吗？为什么我们喜欢麻将呢？其中必定有奥妙的道理。麻将是骨头做的，摸摸就发生一种触觉的快乐感受。麻将又刻了红红绿绿的颜色，什么红的"中"，绿的"发"。你把牌儿在桌上一拍，就听到清脆悦耳的声音。你在桌上拿起来的时候，就产生一种神秘的心理，这张牌是"白"呢还是"风"，这里有一种机遇，你若碰到了，那么就运气了，若是碰不到，那只可耐着性等着。麻将实在是好玩的赌具，无怪中国人都喜欢，近几年来，麻将在美国也风行一时呢！

因此在 20 年前，我在南京办鼓楼幼稚园的时候，我自己向自己说：麻将是一个很有趣的赌具，为什么我们不把它变成一个好玩的教具呢？假使能变成识字的教具的话，那不是小孩子识起字来很快吗？麻将牌怎样变成教具呢？听起来好像很奇怪，做起来倒很容易，那时候我就跑到夫子庙，叫麻将店的老板，替我刻副活字块。我在儿童用书中选出了200 多个字，每个字刻二块。儿童喜欢颜色的，所以我叫他依照部位的意思，着了红、绿、蓝、紫的彩色。譬如"鸡""鸭"二字，"鸟"部用红的颜色，"又""甲"部都用绿的颜色；譬如"江""草"二字，三点水用蓝的颜色，草头用绿的颜色。活字块这样一着色，就显得格外鲜艳夺目了。

怎样玩呢？有两种玩法：一种是凑对子，另一种是拼句子。凑对子是为不识字的儿童玩的，拼句子是为已经识了几个字的儿童玩的。

对子怎样凑呢！假定有六个小孩子，团坐一张桌上，共同玩耍，教师先把字牌背天的放在桌上，每个儿童先拿七张，领头的儿童多拿一张，领头的先打一张不同类的字出来。譬如一个"羊"字，小孩子当初不认识"羊"字的，教师就替小孩子说：谁要这个"羊"，有"羊"字的就可拿去，凑成一对。若是没有人要，第二个小孩子就在桌上拿一张，再把单独的打出来，看谁先凑成四对，就算谁胜，这样一来，六个小孩子个个都聚精会神，都在拼对子识字，这是一类为不识字的儿童玩的好方法。

拼句子怎样玩呢？拼句子那比凑对子更加有趣。譬如有一个小孩子，在桌上翻一张字牌，翻开来看，是一个"鸡"字，第二个小孩子也翻一张牌，翻出来的是个"牛"字，牛同鸡是拼不起来的，第三个小孩子，就翻一张字牌，翻开来一看，是一个"捉"字，这里就有意思了。"捉"同"鸡"一拼，变成"捉鸡"，捉同牛也可以拼的，变成"捉牛"，他可以任意选择一句，放在他自己的前面，作为他自己亦有的。他再可以在桌上翻一张，假使他翻出来是一个黄字，就变成"捉黄牛"了。再可以拿一张，假使第四个小孩子翻了一张"我"字，那他把"我"字放在"黄牛"的前面，变成"我捉黄牛"了，他就可以把这句子抢过来放在自己的面前了。

这样抢来抢去，拼来拼去，玩得真高兴呢。悬有禁例的赌具，竟一变而为识字的活教具了。

亲爱的教师：赌具变成教具，多得很呢！我曾经把外国的一种钟面式的赌具，变成一种最好的练习算术的教具。它究竟是一种什么赌具呢？赌具是一个洋铁做的小圆盘，盘面上像一个钟，有长针、秒针，长针、秒针周围都有分数，你把长针一拨，秒针也跟着移动。长针转得快，秒针也转得快，长针停了，秒针也会停的。长针假定所指着的分数是 8，秒针所指着的是 7，那你就得着 56 分；假使我拨的长针是在 9 分，秒针是在 8 分，八九七十二，那我就胜了。你看这个不是个很好玩的九九表吗？小学三年级的学生，学习九九表的时候，正好玩这种教具呢！

在新年的时候，你周围可以在街上看见一种赌具呢！许多小孩子围着一个糖摊，在那里转糖。糖摊是一个圆盘，盘的四周放了各种各样的糖菩萨、糖动物，盘的中间是一个轴，轴上挂一根横木，横木的一端垂着一根针。你假定要赌的话，就给卖糖的一个钱，给了之后，你就可以转了，针转到哪里，哪里的糖人就是你的了。

这种赌具，在新年的时候，到处都可以看得到，它的魔力是非常大的，我们为什么不把它变成一个教具呢？20 年前，我就这样问自己。我就做了一个转盘，教小孩子认识数字，形式虽然稍微有点不同，原则都是一样的。怎样不同呢？盘上画了格子，格子的上面写数目，下面写字，什么字呢？看情形而定，你可以写各种动物的名字，你也可以写各种花木的名字、小孩的名字；学什么，你就写什么。若是你能够在字的底下，再画上图，那就更好了。小孩子可以看了图就认得字，这是一种看图识字识数的好玩具。

赌具固然可以变成教具，玩具更加容易变成教具了。新年的时候，在空场上，摆着一个傀儡戏台，锣鼓一敲，大大小小，老老少少都跑来看了。这种有魔力的民间娱乐的工具，为什么不可以变成一种教具呢？

8 年前，我到欧洲去考察教育的时候，在英国、法国、苏联都看到傀儡戏。回国后我就在南京鼓楼幼稚园介绍傀儡戏给幼稚生玩，他们玩得很高兴。在上海，介绍给小学生玩，他们玩得很起劲。现在在江西介绍给幼稚师范同学做教具，也做得很有价值。师范生编著剧本，布置戏台，自造傀儡，给幼稚生玩，给民众看，都玩得很起劲，看得很高兴。这是把民间的娱乐工具变成儿童的教具。

亲爱的教师，赌具固然可以变成教具，民间娱乐的工具固然可以变成儿童的教具，木屑竹头、破布碎纸，何尝不可以变成教材教具呢？竹圈不是儿童的恩物吗？不是普通的竹子做的吗？竹子可以做碗、做罐头，给小孩子玩。木头木片可以做飞机、坦克车、汽车、桌、椅等各种的玩具。下面的一只小猫，看起来多那可爱，它是什么东西做的呢？一只破袜子而已！

纸篓里的废纸，可以变为很好的教材呢！你把碎纸浸在水里，浸了一两天，拿出来用面粉一揉，揉成纸浆，好像粉团一样，你要把它做兔子也可以，把它做老虎也可以，你要把它做立体地图也可以，碎纸是一种很好的教材呢！

亲爱的教师，你要做一个成功的教师，你一定要注意环境，利用环境。环境中有许许多多的东西，初看看与你所教的没有关系，仔细研究研究看，也可以变成很好的教材、很好的教具呢！

四、教学游戏化

游戏是儿童第二个生命。生后三个月的小孩，就会吹涎玩耍；五六个月的小孩，一看见有颜色的东西，就喜欢得抓住不肯放；到了七八个月，他就会拿起木棒，敲着摇篮或椅子游玩，如果给他一个铃，他就叮当叮当地摇起来；一岁左右的，虽然还不会走路，但总喜欢沿着桌椅，来回地走着；两三岁的小孩，更会用竹竿当马骑，用凳子当轿抬。他们年纪愈大，活动的范围愈广，游戏的方式也就愈多。七八岁的小朋友会拍球玩，十二三岁的小朋友，更会做种种有组织性的游戏，如比球等等，再长大了还是喜欢玩，甚至到了中年老年，尽管方式不同，而游戏本身，总是大家所喜欢的。美国总统威尔逊，当他七十岁时，还是高兴打球，罗斯福总统，在工作极忙的时候，也抽出空闲去钓鱼。

所以，游戏是人生不可缺少的活动，不管年龄、性别，人们总是喜欢游戏的。健康的小孩子是好动的、快乐的。假如在读书的时代，我们也能化读书的活动为游戏，那么，读书不是会变得更有趣、更快乐、更能有进步了吗？

但是，我们中国人往往轻视游戏，把游戏当作顽皮的活动。小时爱游戏，大家还没有什么话说；一个十六七岁的小孩，也要游戏的话，那么，人家就会骂他"没出息"。因为在他们的心目中，总认为读书的时代就不应游戏。这种把读书与游戏孤立分离的看法，完全是错误的。假如说读书只有读书，为读书就不应游戏，那么，读书的生活，势必枯燥无味，哪里还谈得到进步！

做到教学游戏化，就要对读书生活，兴致蓬勃，学习进步分外迅速。究竟如何才能使教学游戏化呢？现在就举几个例子来说明。

在幼稚园教学中，我们利用积木游戏，让小朋友自己来搭一座房子，在花园里还养着许许多多的动物，这样就可以使小朋友学会如何布置环境，如何辨别动物的种类，同时对于儿童身体的发展，也有很大的裨益。沙盘游戏也有同样的功用。

唱歌也是一样，就以唱一支《龟兔赛跑》的歌来说吧，假使在唱歌的当儿，请几位小朋友共同表演起来，那么，对于龟、兔的特点，就更加容易明了，而且还能引起小朋友研究的兴趣。

在小学教学中，学习认字或造句，也可以利用游戏的方法。

比如认字教学，我们可以把全班小朋友分为两组，老师拿出写着字的卡片来给小朋友们看，小朋友一见到这个卡片，马上就要读出上面的字来，说得最快的就把卡片送给他，到结果那一组的小朋友得到卡片最多。

又如造句教学，也可以用同样方法来进行。假定全班有 40 个小朋友，就分成二组，坐列两旁，每个小朋友手上拿一张写着字的大卡片，字的大小，以大家彼此能看得见为度；两组的字是相同的，40 张卡片，共有 20 个不同的字，每个小朋友都应当记住自己手上所拿的是什么字，并认得别人手里的是什么字，准备好了以后老师就读出一个句子来，比如"兔子比乌龟跑得快"，或者"兔子睡着了，跑不过乌龟"，于是两组中拿着这几个字的小朋友们就赶快跑出来，依次序排成这样一个句子，哪一组快，就算胜利。

把枯燥无味的认字造句化为兴致勃勃的游戏活动，在做的过程中，培养兴趣，加强学习，这就是教学游戏化的真实意义。

不过，游戏是不是有范围的？各种学科，任何儿童是否都可以采用？这些问题，实在非常重要。记得在嘉陵江上，我曾经看到许许多多的船夫，他们一面拉绳，一面唱歌，工作显得异常的轻松与愉快，精神的饱满，真无可比拟。我想，如果他们无声地埋头闷干，那么，这繁重的劳役很快就会使他们陷入疲劳，由此，更可见游戏化的重要。成人工作尚且如此，难道儿童的学习就不应该游戏化了吗？所以，游戏化适用于任何个人与儿童，也适用于任何工作与教学，只是儿童年纪愈大，教学游戏化的困难愈多罢了，幼稚园比小学容易，小学的比中学容易，至于大学，教学游戏化的困难便更大了。

在教学游戏化的过程中，我们做老师的还特别要注意两个问题：

第一，要注意方法与目的的配合。游戏的方法，本来是为了要达到教学目的而运用的，忽视了这一点，就失掉了教学的意义。例如学习算术，我们用拍球游戏来教学数字，用投圈游戏来教学加法，当小朋友已学会数与加法之后，我们竟忘记了教学的进度，还是继续做拍球投圈的游戏，致使算术课变成了游戏课，完全失去了算术教学的意义。因此，老师应当随时考查小朋友们的进度，以达到教学游戏化的要求。

第二，要注意多数人活动的机会。教学游戏化最易发生的流弊，就是极少数成绩较好的小朋友来做，其余的小朋友坐着看，这无异于剥夺了大多数儿童的学习机会，做老师的当特别注意这个问题。任何游戏，要使个个小朋友都能参加为准。

教学游戏化是以"做"为中心的，也就是"做中教，做中学，做中求进步"的教学运用。其充实与发展，还有待大家的研究与努力。

五、教学故事化

"教学故事化"是从"儿童爱好故事"这一理论基础所产出来的教学原则。所以，当我们追问为什么要教学故事化时，必须把"儿童为什么爱好故事"这一问题，先来予以讨论。

就日常生活的观察、学校教学的体验，我们可以发现，没有一个儿童不喜欢看故事、听故事和讲故事。儿童爱好故事的倾向，绝非偶然。一方面，儿童本身具有这种倾向的动力；另一方面，故事的形式与内容，对儿童心理的适应上，也有巨大的作用。详细说来，有下列诸点：

第一，故事与儿童的情感有交流作用。很明显，故事中所描述的对象，大都是有生命的。尤其是"拟人"或"拟儿童"的方式最为普遍。人性的表现，往往使故事中的人物与读者、听者或讲者之间，发生情感上的交流。这种情感的接近与交流，把故事中人物的喜怒哀乐，他的奇遇，他的危险，他的成功，他的失败，所有这一切，都转化为我们自己的喜怒哀乐，自己的奇遇，自己的危险，自己的成功与失败。把自己的情感投射到故事之中，便是儿童乃至成人所以爱好故事的原因之一。

第二，故事情节的神奇，能满足儿童的好奇心。儿童富于好奇心，这是谁都不能否认的。什么东西最易激起儿童的好奇心呢？大凡能激起儿童好奇心的事物，必须具备下面两种因素：

1. 事物的新异，比如大声，辉耀的色泽，显著的比照，都易惹起儿童的好奇心。

2. 事物与事物相接触而发生的新异，亦能引起儿童的好奇心。第一条所说的新异，是就事物之本身而言的，这里所说的新异，是事物与事物相接触而发生的新异。

故事在儿童的心目中是新异的，这新异不仅存在于故事的人物身上，同时，故事中情节的错综复杂，其所相涉范围的广泛，关系的神奇，都是满足儿童好奇心理的资料。儿童之所以爱好故事，这自然也是重要原因之一。

第三，故事能激起儿童的想象力。儿童有儿童自己的思想。儿童的想象力不论在数量上或性质上都跟成人不同。但儿童有自己丰富的天真思想，那是毫无疑问的。有一个三岁的小孩子，从他姨母的地方得了一角钱，就跑到外面去，不多时，他欢欢喜喜地回来对母亲说："妈妈，我们就要发财了！"母亲问他是什么缘故，他说："我已经把一角钱种在地下，不久，不就会长出很多的钱来吗？"就事实上看，这种想象似乎不大确实，但在这里，我们也可以看出儿童的会想象与乐想象。故事结构的曲折、描述的生动，实有引人入胜的功效。而且，每个故事，都具有猜想的成分，把儿童导入无限推论的境界之中，致使儿童获得很大的快乐，这便是儿童所爱好故事的又一原因。

第四，故事组织得完整，适合儿童的学习心理。儿童对于组织完整、意义连贯的事物，容易学习，容易了解。而对于那些零星破碎、漫无组织、孤离断片的事物，不易学习，不易了解。凡愈容易了解的，儿童愈喜欢去学。换言之，就是组织完整、意义连贯的事物，儿童便喜欢它。故事的组织，正合于这个要求。因此，每个儿童总喜欢故事。同时，故事的描述是活动的、常变的，它每以儿童年龄的差异来变更它的内容与组织，使它更适合每个儿童的情感。

由于上述的各种原因，故事在儿童是一种重要的精神食粮，通过故事的形式，儿童的学习一定兴致百倍。但是，在传统教学的过程中，由于旧课本内容的限制和教师教死书的毒害，儿童对于故事爱好的倾向，遭受了严重的阻碍。旧课本中除了形式教条以外，没有故事。教师除了以课本为经典之外，也没有故事。故事被排除于教学门外，这在儿童心理上确实是一种严重的压迫。所以，在许多学校中，一个和善可亲的教师，每每被儿童所请求来给他们讲故事。如果教师一定要拒绝了，那么，儿童的内心是会痛苦的，读起书来也就没精打采了，哪里还谈得上教学的效能。然而通常一般人总不了解故事在教学上的重要，也不知故事在教学过程中应当如何地运用，这是多么大的遗憾！现在，我们要打破传统教育对故事的蔑视，而提出"教学故事化"的原则。

教学故事化可以用两个方面来说：

第一，教材故事化。这是用故事的体裁来编排教材，运用教材。故事的体裁可以分成两种，其一是直接的，故事的叙述是以第一身（first person）为出发的。比方"我看见一个工人""我听到鸟叫"之类的叙述。其二是间接的，故事是以第三身（third person）为出发的，比如"他在跑路""他看一本书"之类的叙述。

直接的叙述，由于跟儿童的情感较易接近的缘故，因此，所收到的效果，较之间接的故事来得更显著、更敏捷。下面的一段故事，便是用直接法来写的：

有一天早晨，一只小白兔，从山洞出来玩玩，在路上看见一只乌龟，就说道："乌龟哥哥早！"乌龟说："白兔哥哥，你早！"

乌龟背了一个硬壳，爬得很慢。白兔笑道："你背了这样重的东西，实在太不方便了！"乌龟说："你不要笑我，走起路来，恐怕你还不如我呢！"

……

（看拙编《儿童故事》）

但有时候，这个故事是这样被描述的：

有一天，有一个老师在课堂上讲一个龟兔赛跑的故事。他说："有一天早晨……乌龟背了一个硬壳，爬得很慢，白兔就笑乌龟，说它背了这样重的东西，实在太不方便了。乌龟便对白兔说，叫白兔不要笑它，如果走起路来，恐怕白兔不如它呢！"

……

同样的故事内容，用两种不同的方式来表现，结果如何，用不着说，大家一看就明白了。所以教材要故事化，而且要直接故事化，才能生动、有力。

教材故事化，并非仅指国文教材一种而已，凡历史、地理等教材都可以运用故事化的原则，都可以采用直接故事化的原则。

第二，教法故事化。活教师是一个善于引起儿童学习动机的教师。固然儿童的学习要由儿童自己来做，但如何引起儿童的学习动机，完全看教师是否有活教育的修养。引起儿童学习动机的方法虽然很多，但利用故事的教法，确是容易收效的。教法故事化的目的，就在于引起儿童学习的兴趣，使他们注意力集中起来，快快活活地来做自己的工作。传统教育要儿童"苦读"，而我们应当要儿童"乐干"，唯有臻于乐干的境地，儿童才能学得真知识、真学问。

教学故事化是活教育的新要求，它在教学过程中究能产生如何的效果，是有赖于我们教师的努力与研究的。